फाल्सुङग

कहानी मिट्टी की

फाल्सुङ्ग

कहानी मिट्टी की

वाणी पृथ्वी

छुदेन काविमो

अनुवाद
नम्रता चतुर्वेदी

वाणी प्रकाशन

वाणी प्रकाशन

4695, 21-ए, दरियागंज, नयी दिल्ली 110 002

फ़ोन : +91 11 23273167 फ़ैक्स : +91 11 23275710

शाखाएँ

अशोक राजपथ, पटना 800 004, बिहार

कॉफ़ी हाउस कैम्पस, महात्मा गाँधी मार्ग, इलाहाबाद 211 001, उत्तर प्रदेश

महात्मा गाँधी अन्तरराष्ट्रीय हिन्दी विश्वविद्यालय, वर्धा 442 001, महाराष्ट्र

36/ए, शेक्सपीयर सरणी, रानी बिरला गर्ल्स कॉलेज के पास, कोलकाता 700 017, प. बंगाल

www.vaniprakashan.com
marketing@vaniprakashan.in
sales@vaniprakashan.in

Fatsung : Kahani Mitti Ki
by Chuden Kavimo
Translated by Namrata Chaturvedi

ISBN : 978-93-5518-804-5
Collection of Stories

प्रथम संस्करण 2023

मूल्य : ₹ 399

आर. टेक ऑफ़सेट प्रिंटर्स, दिल्ली-110 032 में मुद्रित

वाणी प्रकाशन का लोगो मक़बूल फ़िदा हुसेन की कूची से

मेरे बाबा, कालिम्पोङ्ग के एबीसी सर के लिए

—**नम्रता**

मलबुङ्ग के लिए
जहाँ मैंने जीवन की पहली सांस फेरी।
पहली बार रोया।
पहली बार हँसा।
और
ज़िन्दगी का पहला ख़वाब देखा।

अनुक्रम

कह रहे हैं, रिपदेन मर गया!

दिनभर तलवे जला देने वाली धूप जैसी भी हो, सूरज ढलते समय वही धूप सुन्दर लगती है। मेरे लिए तलवे जला देने वाली वही धूप था रिपदेन, जो भूकम्प के अँधेरे में ढल गया, जो मेरी दुनिया का एक हिस्सा ही काला बनाकर चला गया।

वह इतवार की शाम थी। धूप मैकफ़रलेन चर्च के ऊपर से उतर कर ढलने लगी थी। कान में चुभने वाली ठण्डी हवा बहनी शुरू हो चली थी। शायद एकाएक ठण्ड बढ़ जाने के कारण बाज़ार में उतनी भीड़ नहीं थी। जो लड़कियाँ दिन में टॉप पहनकर घूम रही थीं, अब अपनी–अपनी हाफ़ पैंटों की जेबों में हाथ डालकर घर लौट रही थीं। मोटर स्टैंड पर ड्राइवर बन्धु हाथ बाँधे हुए जम्हाइयाँ लेते खड़े थे।

मैं अब ओंगदेन रोड से सीधा ऊपर डम्बर चौक पहुँच चुका था। इंडस्ट्रियल पार्क बन्द हो चुका था। चौक पर दिनभर की दिहाड़ी बाँटने में व्यस्त एक टोली भर मज़दूर ही बचे थे।

घर लौटने का मन नहीं किया। मैं चौक पर ही टहलता रहा। मज़दूरों के चेहरों पर ख़ुशी की धूप चमक रही थी। कुछ पल मैं भी वही धूप सेकता रहा।

ठीक उसी समय शहर में कोलाहल मच गया। मज़दूर भाई चीख़ते हुए चारों दिशाओं में भागे। गाड़ियों के ड्राइवर भी सभी चिल्लाते हुए भागे। उस पल मुझे समझ आ गया– अब संसार हिल रहा है।

काफ़ी देर तक मैं न हिला न डुला। यह था एक बड़ा भूकम्प जिसे दार्जिलिंग को झेलना पड़ा था।

अगली सुबह मैं देर से उठा। दरवाज़े के नीचे से सरकाया गया अख़बार उठाकर देखा– पूरा पहाड़ ही तहस–नहस हो चुका था।

भूस्खलन अभी भी हो ही रहा था। जगह–जगह पर सड़क टूटी हुई थी। धरती अभी भी काँप ही रही थी। फ़ोन का नेटवर्क पूरा ही ठप था।

धरती काँपने के पूरे अट्ठारह घण्टों बाद मेरी जेब में पड़ा फ़ोन वाइब्रेट होने लगा। नम्बर नया था। मैंने उठाया।

"तीन लाशें तो मिल गयी हैं, पर रिपदेन की नहीं मिली। भूस्खलन आधा गाँव तो बहा ले गया है।", एक कोमल आवाज़ उस ओर सुबकने लगी। "तू एक बार यहाँ आ जा। रिपदेन के मरने की ख़बर अख़बार में निकालनी पड़ेगी नहीं तो सरकार मुआवज़े के लिए नहीं मानेगी। तू आयेगा न?"

फ़ोन के कनैक्शन के साथ ही मेरा दिल भी टूट गया। मैं गाँव पहुँचा। रिपदेन तो सच में मर चुका था।

जहाँ रिपदेन का स्वर्ग जैसा घर खड़ा रहता था, वहाँ अब मलबे का एक ढेर था। जिस ज़मीन पर उसने अपने पहले क़दम रखे थे, वहाँ अब ज़मीन ही नहीं बची थी, बस आतंक ही पसरा हुआ था। जिस रेत में उसने उँगलियों से अपने पहले अक्षर लिखे थे, वहाँ अब रेत नहीं थी। सब कुछ खींच लेने वाला दर्द का एक दलदल था।

भूकम्प से हुए भूस्खलन ने रिपदेन के घर को बहा दिया था। उसके सपनों को बहा दिया था। उसके ईश्वर को बहा दिया था।

सभी कुछ बह जाने के बाद क्या रिपदेन बच गया होता? इसलिए गाँव वालों ने घोषणा कर दी, "रिपदेन पक्का मर गया है।" घोषणा कर देने के दो घण्टों बाद गाँव वालों को एक नयी बात सीखने को मिली– "लाश नहीं तो मुआवज़ा नहीं"।

लो, खड़ी हो गयी न अब उलझन!

आकाश में अभी भी अन्धकार छाया हुआ था। बारिश एक पल थमकर फिर से शुरू हो जाती थी। सीढ़ीनुमा खेत पानी से धँसते,

नीचे सरकते ही चले जा रहे थे। दूर से देखने पर वे एक बड़ी छलनी जैसे दिख रहे थे, जिसके छेद बढ़ते ही जा रहे हों।

सोने जैसी लहलहाने वाली सरसों की फसल अब भीगा बिस्कुट बन चुकी थी। चाय में डुबोने के बाद 'मेरी बिस्कुट' का हाल ठीक वैसा ही तो होता है, जैसा इस समय फसल का हो रहा था।

भूस्खलन ने सब कुछ तोड़–ताड़ दिया था। गाँव का नक़्शा किताब के पुराने पन्ने की तरह चिथड़ चुका था। लीजिये, अब बताइये, ऐसे में रिपदेन की लाश भला कहाँ से खोजकर लाते?

सेना को तीसरे दिन भी रिपदेन का शव नहीं मिला। इसलिए सरकार की नज़रों में रिपदेन मरा नहीं था, पर गाँव वालों के लिए तो वो यक़ीनन मर चुका था।

गाँव वालों के पास अब कोई विकल्प नहीं बचा था। उन्होंने पुरानी रीति और नियमों के अनुसार रिपदेन के बचे–कुचे कपड़ों का टुकड़ा लिया और उसी का दाह–संस्कार कर दिया।

मेरे गाँव पहुँचने तक सब कुछ जलकर ख़त्म हो चुका था। मुझे उसके कपड़े के टुकड़े का धुआँ तक नहीं मिला।

"अख़बार में छाप दो कि रिपदेन मर गया", गाँव वालों ने उम्मीद के आख़िरी कण मेरे आगे बिखेर दिये। "सरकार हमारी तरह तो अनपढ़ नहीं है ना, कुछ न कुछ तो हो ही जायेगा, है न?"

अब क्या कहता मैं?

चुपचाप उनके चेहरों को पढ़ा और एक आख़िरी बार रिपदेन को याद किया।

मुझे याद आयी उसकी हाफ़ पैंट, घिसी हुई। उसका अँगूठा, उखड़े नाख़ून वाला। उसकी कलाई, कलोंचों से भरी हुई। कानों तक आते हुए बाल। फूले हुए गाल। और पन्द्रह साल पहले के वे सुहाने दिन।

गिट्टियों के अक्षर

बारहमास जल से भरा सागर तो चुपचाप बहता रहता है। सर्दी में सूख जाने वाला नाला ही तो बरखा में अपनी ताक़त का पूरा घमण्ड दिखाता है।

सूखे के कारण बरखा में घमण्ड दिखाने वाला घिसखोला इस वक़्त रोगी बना हुआ था। पहाड़ के कोने से अलसाता हुआ निकल रहा था और बेमन से तराई की ओर बह रहा था।

इसी घिसखोला के ठीक ऊपर दुबककर बैठा था मलबुङ्ग जिसकी सुबह पूरब पहाड़ के माङ्गजिङ्ग से उगते सूरज के साथ शुरू होती थी और जिसकी शाम पश्चिम बरबोट के पहाड़ पर अस्त होते सूरज के साथ ढलती थी। जहाँ सर्दी में बुधबारे से उठती ठण्डी हवा भेदती थी और बरखा में तराई से उठते मेघ गरजते–भिगोते थे। यह गाँव आषाढ़ मास में कालेपानी जैसा कट जाता था और चैत मास में सूखे की मार झेलता था।

मलबुङ्ग की ठीक पल्ली पहाड़ी के बाहरी कोने पर बसा था दुर्गम पोखेबुङ्ग, जिसे भूस्खलन ने खींचकर नीचे गिरा दिया था। उसी भूस्खलन के बीच से बहता था एक और बरसाती नाला, जो बुराथोकी की बिटिया की तरह बौराता था। जो भी मिलता, उसे खींचकर अपने साथ ले चलता था और सर्दी में कँकड़ और बालू का ढेर बन जाता था।

पोखेबुङ्ग की ठीक बायीं ओर उभरकर आता था पुबुङ्ग, जिसके वक्ष पर कन्धे से नीचे बहता हुआ आता था रनकन खोला। अब तो वहाँ बस भूस्खलन का मलबा ही चमकता दिखता है।

रिपदेन के घर के पास दोस्तों के साथ बैठा मैं वही मलबा देख रहा था। रिपदेन मुर्ग़ियों के दड़बे के अन्दर कुछ कर रहा था। अचानक वो सिर बाहर निकालकर बोला, "अरे! पता है, आदमी तो बीट और राख से बना होता है। अगर लगता है मैं झूठ बोल रहा हूँ, हाथ रगड़कर सूँघो तो एक बार।"

मैंने ऐसा करके देखा। दूसरों ने भी करके देखा। वाक़ई में बीट की ही बदबू आयी। थोड़ा और रगड़कर देखा, और बदबू आयी। लेकिन क्या आदमी बीट और राख से बना हो सकता है? मुझे यक़ीन नहीं हुआ। उसे समझ आ गया कि मैंने नहीं मानी यह बात, इसलिए वो चिढ़ते हुए बोला, "ऐसा ही है। बाइबल की कहानी में भी ऐसा ही लिखा है।"

उसने ऐसे दिखाया जैसे कुछ याद कर रहा हो और हमसे पूछा, "कहानी सुनोगे?"

हम सबने 'हाँ' में सिर हिला दिये। उसने कहानी सुनाना शुरू किया, "भगवान ने सबसे पहले आकाश बनाया, उसके बाद धरती। फिर संसार की हर एक चीज़ बनाई। सब चीज़ें बनाने के बाद भगवान को लगा, इन सबको देखने वाला कोई मेरे जैसा तो चाहिये। इसीलिए छठे दिन आदमी को बनाया– बीट और राख से। वो आदमी था एक लड़का। उसी में प्राण फूँक दिये। लड़का बना देने के बाद भी संसार में कुछ कमी खटक रही थी। सब कुछ था, पर तब भी संसार में कुछ अपूर्ण था। सारे फूल खिले हुए थे, पर फिर भी संसार की सुन्दरता अधूरी थी। फिर भगवान ने लड़के को गहरी नींद में सुला दिया। उसकी एक पसली निकाली और उसी से लड़की बनायी। उसके बाद ही तो संसार इतना सुन्दर बना। इसी वजह से लड़कों से लड़कियों की एक पसली कम होती है। समझे?"

अब, सृष्टि की उत्पत्ति की कथा तक सुना देने के बाद क्या हम उसका विश्वास नहीं करते? मैंने मन–ही–मन सोचा, "सच्ची, आदमी तो राख और बीट से ही बना होता है। रिपदेन क्या–कुछ नहीं जानता! वो तो हम सबका गुरु ही है।"

था भी ऐसा ही। रिपदेन जब–तब नयी–नयी बातें ढूँढ़कर लाता और हमें सुनाता था। सोच से परे की बातें करता था। हमें हक्का–बक्का बना देता था। हम आँखें फाड़ देखते ही रह जाते थे।

उसने ही तो मुझे स्कूल जाते हुए स्कूल से भागना सिखाया। उसने ही तो मुझे एक स्वतन्त्र इन्सान बनाया। उसने ही तो मुझे पढ़ाई करने से ज़्यादा जीवन को जीना सिखाया।

सात साल की उम्र में मेरा दाख़िला आर.एस.एस. के शिशु शिक्षा केन्द्र में हो गया। जब हम वहाँ "प्रणाम गुरुजी" बोलना ही सीख रहे थे, रिपदेन ने मुझे जीवन की एक अनुभवी बात सिखायी, "पढ़ना–लिखना क्या देगा साथ? जोतो हल खाओ भात!" बस, और क्या चाहिए था हमें? आधा घण्टा पैदल चलकर आमा हमें स्कूल पहुँचाती थीं, हम पन्द्रह मिनट भी न बैठकर वहाँ से भाग निकलते थे।

हमें एक सर और एक गुरुमा पढ़ाते थे। सर बहुत ही दुबले–पतले थे। ज़ोर की हवा साथ उड़ा ले जाये, उतने पतले।

उनकी पैंट हमेशा ढीली रहती थी। शायद पेटी को ज़्यादा कसते होंगे इसलिए हमेशा उनकी पैंट बायीं तरफ़ खुंची रहती थी। पैरों में हमेशा गैलेक्सी चप्पल पहनते थे, जिसका तल्ला घिस–घिसकर पतला हो चुका था।

गुरुमा तो मोटी थीं। उनके बाल खुले रहते थे। कुर्ता पहनती थीं। अपने चेहरे की झाइयाँ ढकने के लिए 'फेयर एंड लवली' पोतकर आती थीं। उस क्रीम की महक दूर से ही आती थी।

हमारा स्कूल, स्कूल कम तबेला ज़्यादा था। चारों तरफ़ किवाड़ ही किवाड़ थे, जिनके बाहर फट्टों की बाड़ थी, जो फट्टे पूरी तरह टूट–फूट चुके थे। इसलिए रिपदेन जहाँ से भी इशारा करता, हम उसी तरफ़ से भाग निकलते थे।

पहले दिन हम दायीं ओर से भागे, दूसरे दिन बायीं ओर से। तीसरे दिन तो सामने से ही भाग निकले। सर को तो पता भी नहीं चला!

चौथे दिन हम स्कूल के दरवाज़े तक ही पहुँचे थे कि पाउडर लगाने वाली गुरुमा को सामने खड़ा देखा। उनका चेहरा तमतमा रहा था और आँखें फटने को आ रही थीं।

"अबे भगोड़ों!" अब यह बात गुरुमा की बर्दाश्त से बाहर हो चुकी थी। स्कूल पहुँचाने आयी मेरी आमा से वो बोलीं, "तुम्हारे लड़के को रिपदेन ने बिगाड़ दिया है। जब देखो, स्कूल से भागता रहता है। कल तो यह सब भागकर खीरे चुराने गये थे। चर्च में चढ़ाने से पहले ही ये खीरे खा गये। शिकायत आयी है।"

आमा ने वहीं मेरे दो फट्टे जड़ दिये। मेरी आवाज़ काँपने लगी। मूत निकल गया। आँखें पिलपिली हो गयीं।

खीरा काटते हुए रिपदेन गुनगुना रहा था–"कड़वा–कड़वा भाग जा, मीठा–मीठा रह जा"। मैं यही याद कर रहा था कि गुरुमा ने नयी सज़ा सुना दी–"पचास दफ़ा उट्ठक–बैठक कर।"

लो, रह गया न अब मीठा मीठा!

रिपदेन लाल हो गया। एक बार को लगा, वह नहीं करेगा, पर कोई उपाय नहीं था।

मैंने उसके कान पकड़े, उसने मेरे। फिर शुरू करी उट्ठक–बैठक। दस तक पहुँचते–पहुँचते मेरी साँस फूलने लगी। पैर काँपने लगे। बीस तक पहुँचते ही मैं धम्म–से बैठ गया, आँखों में आँसू भर गये।

"बस, बस, हो गया"। आँखें थकान से चूर होने लगी थीं कि कान में गुरुमा की आवाज़ सुनाई पड़ी। "बोल, भागेगा अब? चुरायेगा औरों के खीरे? घुटनों के बल चलना पड़ेगा।"

रिपदेन कुछ देर तो इधर–उधर देखता रहा। फिर मेरे पास आया और थोड़ा हँसते हुए बोला, "कल से आऊँगा तो भागूँगा न! तू भी मत आना कल से स्कूल। हाथी क्या इतना बड़ा पढ़–लिखकर हो पाता है?"

स्कूल के बाद लौटते हुए उसने विद्या क़सम खिलवायी, "कल से जान चली जाये, पर स्कूल नहीं जाना है।"

कसम खिलवाने के एक दिन बाद ही रिपदेन ने बकरे चराना शुरू कर दिया। वह जंगल जाता था। मेरे ही दादाजी का झोला लेकर चलता था।

मुझे तीन दिन ज़बरदस्ती स्कूल पहुँचाया गया। "उंह, मेरा तो बिल्कुल मन नहीं लगा। मैं तो भाग निकला। मेरा गुरु रिपदेन मेरे साथ ही नहीं था, मैं पढ़ कैसे सकता था?"

तीन दिनों बाद दादाजी ने घोषणा की, "यह अभी छोटा ही है, कोई साथी भी नहीं है। यह भी बाद में ही जायेगा स्कूल।"

अब कहीं जाकर हम चैन की साँस ले पाये!

इस बात के बहुत महीनों बाद की बात है, उसने हमें एक धार्मिक बात सिखलायी थी, "एक सौ आठ बार माथा रगड़ तो बुद्ध भगवान प्रकट होंगे माथे पर। समझा?"

मुझे गिनती नहीं आती थी। रिपदेन को आती होती, तो गिन देता, जैसे उट्ठक–बैठक करते समय गुरुमा ने गिना था। पर गिनती उसको भी नहीं आती थी। इसलिए मैं ठीक–ठीक एक सौ आठ बार नहीं रगड़ पाया। माथे पर बुद्ध भगवान तो नहीं उभरे, पर घाव ज़रूर निकल पड़ा।

हमारे दोस्त सोनाम तामाङ्ग, ओंगदेन लेप्चा, तारनम भुजेल, ग़ैरी भाई, तुलाराम शर्मा, जुनिराम छेत्री, हरिप्रसाद विश्वकर्मा अभी भी हाथ रगड़ने में लगे थे। हाथों को सूँघते हुए वे सब बोले, "सच्ची! बीट की ही बदबू आ रही है।"

मैं ख़ुश हो गया। बगल में गुरु रिपदेन हँस रहा था।

"ओ सुन, नहा ले", दादाजी ने आँगन में बाँस की टोकरी बुनते हुए आदेश दिया, "कल ब्याह में जाना है"।

बैसाख का महीना था। हम सबके घरों में कोदो या लपसी ही पकती रहती थी। सफ़ेद भात न देखे हुए बहुत दिन हो चुके थे।

ऐसे समय ब्याह में भोज खाने की बात आयी। सब लड़कों के चेहरों पर गुनगुनी धूप चमक आयी।

"चल, घिसखोला चलें", हरिप्रसाद ने सुझाया, "रगड़कर नहाना पड़ेगा। सफ़ेद पत्थर के झामे से ही मैल निकलेगा। अरे भई, वह सफ़ेद होता है न इसलिए।"

"जा, जा", दादाजी मुस्कुराये।

हम खोला की तरफ़ चल पड़े। किमबुग़ैरी पहुँचने वाले थे तब रिपदेन ने कहा, "सुनो, लड़कों। कल तीन दफ़ा भात खाना पड़ेगा। अबे, छेत्रियों का ब्याह है। एक बार में गोश्त तो दो बोटी ही परोसेंगे। तीन बार खायेंगे, तब जाकर कहीं छह पीस मिल पायेंगे।"

"छेत्रियों के बारे में ऐसा बोलता है?" जुनिराम चिढ़ गया। सबने रिपदेन के सुर में सुर मिलाया और ऊँची आवाज़ में बोले, "खायेंगे। तीन दफ़ा तो आराम से खायेंगे।"

अगली सुबह पंचवाद्य बाजा बजने लगा। हमने सीढ़ीनुमा खेत के कोने से देखा। बारात पहरेटार मैदान से चढ़ाई पर चल पड़ी थी।

बारात में सबसे आगे दो बूढ़े आदमी चल रहे थे। उनके हाथों में स्याउली की टहनियाँ थीं। उनके पीछे एक जना ठेकी लटकाकर चल रहा था। शहनाई बजाने वाले भी साथ में थे। उफ़्फ़! इतने सँकरे रास्ते में लोग नाच कैसे पा रहे थे? इन्हें दूसरों के गाँव में होने की परवाह भी नहीं थी?। बस, नाचे जा रहे थे! कुछ लोग गाये भी जा रहे थे। पर जुनिराम ने कहा, "वे लोग गाना नहीं गा रहे हैं, श्लोक बाँच रहे हैं"।

टोली में थोड़ी पीछे थीं लड़कियाँ। उन्हीं के बीच में था एक लम्बा लड़का। अरे, वही जनाब तो दूल्हे राजा थे! उनके माथे पर लाल तिलक था। उनके होंठों पर मुस्कुराहट खिली हुई थी। उनकी आँखों में ख़ुशी की चमक थी। सिर पर एक बहुत बढ़िया पगड़ी भी थी। उनके पीछे एक दुबला लड़का चल रहा था। दूल्हा जहाँ–जहाँ चलता, वह लड़का वहाँ–वहाँ दौड़ पड़ता था मानो उसके लिए दूल्हे

बाबू एक राजा थे। राजा जी के सिर पर हमेशा छतरी तैयार रहनी चाहिए। कहीं राजा बाबू का सिर धूप में जल न जाये!

हम बारात के पीछे–पीछे चल पड़े। रिपदेन आगे–आगे चल रहा था। वह बार–बार पलटकर देखता और आँखें टिमटिमा देता था। जुनिराम समझ गया और मेरे कानों में आकर बोला, "देखा! छेत्रियों का ब्याह कितना शानदार होता है? लेप्चाओं के ब्याह में तो सन्नाटा रहता है, एकदम निल बटे सन्नाटा, समझा? और दुल्हन तो देखो कितनी सुन्दर है! मेरी आमा ने बताया है कि इतनी सुन्दर लड़की तो पूरे गाँव में भी नहीं है। उस दिन 'सम्झना' फ़िल्म का पोस्टकार्ड देखा था न, हाँ, बिल्कुल उसकी हीरोइन तृप्ति नाडकर जैसी ही है दुल्हन!"

"अबे ककड़ी, ख़ाली बाजा बजाने से क्या होता है?" रिपदेन तुनककर बोला, "खाना–पीना देखना हो तो लेप्चाओं के यहाँ देखो। लेप्चाओं के ब्याह में ही तो छेत्रियों और बामनों को मस्त चढ़ाने को मिलता है।"

जुनिराम आगे भागा, रिपदेन भी उसके साथ दौड़ पड़ा। अब तो दूल्हे को छाता उढ़ाकर रखना बहुत ही मुश्किल काम हो रहा था। संकरा रास्ता था और बार–बार चढ़ाई आये जा रही थी। ऊपर से दूल्हा लम्बा भी था।

बारात में सभी पसीने से भीग गये थे।

डेढ़ घण्टे बाद जाकर हम दुल्हन के घर पहुँचे। उसके बाद बारात कहाँ गयी, हमने ध्यान नहीं दिया। सब भूलकर हम सेल रोटी खाने और चाय पीने में लग गये थे।

हमारे पहुँचने के काफ़ी देर बाद हमारे घरवाले पहुँचे। दादाजी ने फ़रमान सुनाया, "अपना व्यवहार ठीक रखना।" रिपदेन ने इशारा किया और हम भाग निकले।

घर से एक सीढ़ी नीचे खेत में पराली बिछाई हुई थी। वहीं छोटे–छोटे स्टॉल लगाये गये थे जिनमे दालमोठ, चना, मटर और

पान वग़ैरह बिक रहे थे। मुझे तो दालमोठ कितनी पसन्द थी, पर जेब में पैसे हों तब न!

रिपदेन ने फ़ौरन आइडिया निकाला, "दारू चढ़ाने वालों की जेबों से पैसे गिरे मिलते है। ध्यान से ज़मीन पर ढूँढ़ते हुए चलते हैं, ठीक है?"

बस, हमारी आँखें ज़मीन पर गड़ गयीं। आधे घण्टे तक हम पैसे ढूँढ़ते रहे, पर एक भी फूटी कौड़ी मिलती तो न!

ऊपर माइक ज़ोरों–से बज रहा था। कोदो के खेत के किनारे खाना पकाने वाले व्यस्त थे। लोगों की काफ़ी भीड़ जमा थी। इस ओर से पल्ली ओर तक पराली बिछायी हुई थी जहाँ ऊपर सीढ़ी खेत के कोने में औरतें दोने बुन रही थीं और बतिया रही थीं।

सीढ़ी खेत के एक पायदान के पास लड़के–लड़कियों की एक टोली खड़ी थी। रिपदेन ने इशारा करते हुए कहा, "चल, वहीं चलें। लगता है, खाना मिल रहा है।"

दोपहर का एक बज रहा था। धूप सिर पर चढ़ आयी थी। हम उसी जगह दौड़ पड़े। पहुँचते ही पता चला कि बच्चों को खाना परोसा जा रहा है। बाद में भीड़ न हो जाये, इसलिए लड़के–लड़कियों को खाना पहले ही परोस रहे थे। खाने के बारे में सुनकर हम पैसे की चिन्ता भूल गये। हम तो चना, मटर और दालमोठ भी भूल गये।

"तुम सब लेप्चा गाँव के लड़के हो न? तुम लोगों का खाना वहाँ नीचे है। वहीं जाओ", मन्तरे काका ने फ़रमान सुनाया। हमें तसल्ली हो गयी कि कम–से–कम उन्होंने हमें पहचाना तो। हम टाप मारकर नीचे वाले खेत में पहुँच गये और पत्तल उठाकर लाइन में लग गये।

एक बार से हमारा क्या होता? ठीक आधे घण्टे बाद पत्तल हाथ में लेकर हम फिर वहीं खड़े हो गये।

ऐसे ही एक घण्टा बीत गया। पल्ली पहाड़ी पर छाया पड़ने लगी थी। मौसम हल्का शीतल होने लगा था।

"अब बड़ों के साथ बैठकर खाते हैं", रिपदेन अपनी तरक़ीब बता ही रहा था कि अचानक गीत बजने बन्द हो गये। अब बड़ों को खाने के लिए बुलाना था, इसलिए गीत बन्द किये गये थे।

अनौन्सर ने मुँह खोलकर तपाक से सीधे ही बोल दिया, "लेप्चा भाई बन्धु नीचे वाले खेत में जायें। शहनाई पार्टी भी वहीं चली जाये। छेत्री समाज ऊपर के खेत में पधारें।"

अब क्या बचा था? दादाजी ने काँपती आवाज़ में घोषणा कर दी, "हम क्यों जायें निचले खेत में? पिछली बार भी हमारे साथ ऐसा ही किया था, यह कहकर कि हम लेप्चा लोग बैल का मांस खाते हैं। अब तो हमें छेत्रियों और ब्राह्मणों के शादी–ब्याह बायकॉट करने पड़ेंगे। चलो, वापिस चलें।"

दादाजी लेप्चा समाज की संस्था 'क्योङ्ग सेजुम' के अध्यक्ष थे। उनकी बात के साथ सबकी सहमति थी। लेप्चा जन बग़ैर खाना खाये लौटने को चल पड़े।

लोगों ने बात सँभालने की कोशिश की, पर नतीजा कुछ नहीं निकला। लेप्चा लोग लौटने के लिए चल पड़े।

अपने कड़क सुर में दादाजी ने कहा, "ओई साहमसोङ्ग। आबी दी। लि नोङ्ग गात्सी।"

हम भी दादाजी के पीछे लपक लिए। उन्होंने एक और ऐलान किया "हमारे लोग अनपढ़ हैं, इसलिए ये हमें धौंस दिखाते हैं। सब हमें बैल खाने वाले अनपढ़–गँवार समझते हैं। कल से सब बच्चे स्कूल जायेंगे। सब पढ़ोगे अब से।"

मैंने फ़ौरन 'हाँ' में सिर हिला दिया। रिपदेन तुरन्त पीछे पलटा और मेरे कान में आकर बोला, "देखा? मेरे चलते कम से कम सबको दो थाल भात खाने को तो मिला, वरना भूखा ही लौटना पड़ता।" यह सोचकर मैं लाल हो गया। पलटकर देखा। जुनिराम पीछे–पीछे आ रहा था।

सिर खुजलाते हुए मैंने पूछा, "अरे जुनिराम! लौटकर तो लेप्चा लोग जा रहे हैं। तू क्यों आया?"

"जात से बड़ा है साथ", जुनिराम मुँह फाड़कर मुस्कुराया और अपने पीले दाँत दिखाता हुआ आगे दौड़ गया।

ब्याह बायकॉट के हफ़्ते भर बाद हमें फिर से स्कूल पहुँचा दिया गया।

यह बीगा बस्ती का स्कूल था। घर से डेढ़ घण्टे दूर था। स्कूल काठ का ही था, पर भागने के लिए कोई दरवाज़ा नहीं था। यहाँ एक नये सर थे। उनके बाल लच्छेदार कर्ली थे, बिल्कुल इटली के फुटबॉलर रोबेर्टों बियाजिओ जैसे। सर की आँखें भी पहले वाली गुरुमा जैसी नहीं थीं। बनावट पहले वाले सर जैसी दुबली नहीं थी। सर की आवाज़ भी हल्की थी। मुझे देखकर वो थोड़ा मुस्कुराये। उसके बाद उन्होने बेंच पर बड़ी–सी पूँछ वाला एक अक्षर बनाया और बोले, "जा, गिट्टियाँ बटोरकर ला और इसमें भर।"

मैं बाहर निकला। रिपदेन पहले से ही गिट्टियाँ बटोर रहा था। मुझे देखते ही बोला, "चल–चल, भाग निकलें।"

"क्या कहा?" पीछे से एक भारी–सी आवाज़ आयी। पलटकर देखा, सर ही थे।

सर मुझे ही घूर रहे थे। मेरी साँस सूख गयी। रिपदेन झट क्लास के अन्दर दौड़ गया।

मैंने ढोंग किया, जैसे मुझे कुछ समझ नहीं आ रहा हो। एक मुट्ठी गिट्टियाँ उठाईं और अन्दर जाकर फटाफट चित्र में भरने लगा।

हाथ की सब गिट्टियाँ ख़त्म होते–होते पूरा चित्र भर गया। सर ने वही चित्र दिखाया और कहा, "यह है 'क'। समझे?"

इसके बहुत दिनों के बाद मुझे यह समझ आया कि बरखा आते–आते मैं प्राइमरी में पहुँच चुका हूँ, जिसे 'गिट्टी क्लास' कहते हैं। इसके बाद कभी 'ए' में चढ़ा तो कभी 'बी' में गिरा, पर पहले ही साल में 'वन' में पहुँचने लायक हो गया। दरअसल, यह अक्ल से ज़्यादा मेरे क़द का कमाल था।

गाँव का सपना

जीवन में सबसे बड़ा काम होता है 'क' पहचानना और 'क' सीखना। इसके बाद बाक़ी सब अपने आप सीख सकते हैं।

चौथी में पहुँचते–पहुँचते मैंने इतना तो समझ ही लिया था।

उस समय गाँव में मिस आयीं।

वह इतवार का दिन था। बारिश के बाद अब धूप खिली हुई थी। गाँव वाले धान बुवाई में लगे थे। मिस थकी–हारी, स्कूल आ पहुँचीं।

मिस क़द में लम्बी थीं। उन्होंने कानों में इयरिंग पहने हुए थे। चलते समय वे इयरिंग हिल रहे थे और मैं उन्हे देखता रह गया था। जब बोलीं तो शब्दों से पहले उनके होंठों पर मुस्कान आ गयी थी। उनके हाथों में एक काला झोला था, जिसमें एक मोटी किताब रखी हुई थी। किताब की जिल्द पर बड़े अक्षरों में लिखा था– 'बाइबल'।

मुझे 'बाइबल' की जिल्द बहुत ज़्यादा पसन्द आयी।

तभी एकाएक मिस मेरे पास आयीं। हल्के से मेरे गाल मरोड़े और पूछा, "बाइबल पसन्द आयी?"

जैसे मेरी किताब में सिद्धार्थ गौतम के बाल सिल्की थे, मिस के भी वैसे ही थे।

"नयी मिस आयी हैं" यह ख़बर पूरे गाँव में फैल गयी। सभी गाँव वाले धान बोने में व्यस्त थे। काम छोड़कर सभी उनका स्वागत करने स्कूल की तरफ़ दौड़े। गाँव वालों को देखकर तो मिस हक्की–

बक्की रह गयीं। वो अपनी थकान तक भूल गयीं। किसी तरह मुस्कुराते हुए बोलीं, "बाप रे! यह जगह तो एकदम कालापानी है।"

मिस को देखकर गाँव वाले भी चकित थे। वोट के सिवा यहाँ कोई कभी नहीं आता। अगर कोई आ भी जाता तो "मर जाऊँगा पर दोबारा कभी नहीं आऊँगा" कहकर लौट जाता। यह इसलिए क्योंकि यहाँ सड़क नहीं है, बिजली नहीं है, अस्पताल नहीं है।

वोट से पहले आने वाली पहली इन्सान थीं मिस। इसलिए उनकी बात का पूरे गाँव पर असर पड़ा। सभी गाँव वालों ने एक सुर में मुनादी कर दी, "मिस को हमारा गाँव पसन्द आया है। उन्हें तो एकदम कालापानी जैसा लगा है।"

"लो, अब तो स्कूल में सर और मिस दो जन हो गये", दादाजी मुस्कुराये और बोले, "अब हमारे बच्चों को अनपढ़ नहीं रहना पड़ेगा।"

यहाँ आने के हफ़्ते भर बाद मिस ने हमें अपने बारे में बताया, "मेरा जन्म कालेबुङ्ग शहर में हुआ, और परवरिश दार्जिलिंग शहर में हुई। पढ़ाई वहीं हुई। इन्सान लम्बे समय तक जहाँ मिल–जुलकर रहता है, वहीं का हो जाता है। इसलिए मैं भी दार्जिलिंग की हो गयी। अब कालेबुङ्ग बाज़ार मुझे सुनसान लगता है। एच.एस. पूरा करके जब मैं कालेबुङ्ग आयी तो मुझे नौकरी मिल गयी। एपॉइंटमेंट लेटर में लिखा था– "दलपचन्द प्राथमिक पाठशाला"। मुझे तसल्ली हो गयी क्योंकि वो शहर के नज़दीक ही थी। ख़ुशी–ख़ुशी मैं वहाँ ज्वाइन करने पहुँची। वहाँ पता चला कि मेरा स्कूल वो दलपचन्द नहीं दूसरी "दलपचन्द पाठशाला" है मतलब "निंबोङ्ग दलपचन्द"।

हम चुप रह गये। वह हल्का–सा मुस्कुरायीं। बाल पीछे किये, फिर बोलने लगीं, "तब जाकर मुझे इस जगह के बारे में समझ आया। मेरा स्कूल वहाँ है जहाँ सड़क नहीं है, बिजली नहीं है, अस्पताल नहीं है। दुकानें तक नहीं हैं। मुझे इतनी निराशा हुई कि मैंने काम छोड़ने का फ़ैसला कर लिया।

"उसी समय मेरे दादाजी आये। वे रिटायर्ड शिक्षक हैं। उन्होंने मेरा हाथ पकड़ा और कहा, "उस जगह कुछ भी नहीं है,

पर एक बड़ी सम्भावना है। वह लाप्चे गाँव है। वहाँ की नयी पीढ़ी को तू पढ़ा सकती है। यह तो इम्तिहान की घड़ी है। ईश्वर तेरी परीक्षा ले रहे हैं। तू भी वहाँ नहीं गयी तो वहाँ जाने वाला और कोई नहीं है। बिटिया, तू वहाँ जायेगी। गाँव को पढ़ना सिखायेगी, बोलना सिखायेगी, सपने देखना सिखायेगी। जिस दिन वे गाँव वाले सपने देखना शुरू करेंगे, उस दिन मुझे सबसे बड़ी ख़ुशी मिलेगी। बात समझी मेरी मुनिया?"

"दादाजी ने अपनी बात पूरी की। मैं पिघलने लगी। अपनी सोच बदली। उसके बाद ही तो यहाँ आयी। यहाँ आकार समझ आया कि राजू सर तो वॉलंटियर हैं। वह तो अब हमेशा के लिए लौट रहे हैं।"

"अकेले ही क्यों न हो, मैं तुम लोगों को सपने देखने लायक़ तो बनाऊँगी ही", मिस ने गहरी साँस ली।

मिस की बातें सुनते हुए मैंने मन में अनुभव किया, "हमारे गाँव वालों ने कितना कुछ नहीं देखा है। सबसे बड़ी बात तो हमने सपने ही नहीं देखे हैं।"

अब क्या कसर बाक़ी थी? मिस के सपने हम पर छा गये। वो हमें पढ़ना कम और सोचना ज़्यादा सिखाती थीं।

"स्टेज पर जाकर अपने बारे में बोलो", मिस ने पहली आवाज़ लगायी। मैं थर–थर काँपने लगा। मेरा गला रुँध गया। बाक़ी समय तो मैं ची–ची चिल्लाता रहता था। स्टेज पर क्या पहुँचा, एक भी शब्द नहीं निकला। उल्टा, आँसू बहने लगे झर–झर। सब हँसने लगे।

रिपदेन की तो हाफ़ पैंट गीली हो गयी। एक चूँ भी नहीं बोल पाया। हरिप्रसाद सिर्फ़ अपना नाम बोल पाया। जुनिराम का मात्र 'नमस्कार' सुनायी पड़ा। नमस्कार के बाद उसने क्या बोला, वो तो शायद उसे भी पता नहीं चला।

जो भी हो, हमें तो तसल्ली हो गयी क्योंकि सभी फ़ेल हो गये थे। कमरे में सन्नाटा छा गया। इसी सन्नाटे के बीच मिस स्टेज पर आयीं और मुसकुराते हुए बोलीं, "सौ बार कोशिश करनी पड़ती है,

एक न एक बार चमत्कार होगा ही होगा क्योंकि यह वही धरती है जहाँ इल्ली रातोरात तितली बन जाती है।"

हमें कुछ समझ में तो नहीं आया, पर हमने ज़ोर–से तालियाँ बजा दीं। इसके दो हफ्तों बाद की बात है, मिस ने हाथ में एक सादा काग़ज़ थमाया और कहा, "दस साल बाद अपना गाँव कैसा देखना चाहते हो इसका चित्र बनाकर दिखाओ। कल्पना करना सीखो। प्लीज़ सिट अँड ड्रॉ।"

हम काग़ज़ लेकर बैठ गये। यह काम स्टेज पर चढ़कर बोलने जितना कठिन नहीं था। इसलिए हमारा दिल उछलकर मुँह में नहीं आया, पैर भी नहीं काँपे। पर एक दूसरी मुश्किल आ गयी। चित्र बनाने से पहले कल्पना करनी थी। सपने न देख पाने वालों के लिए कल्पना करना क्या छोटी बात होती है? फिर भी हमने चित्र बनाने शुरू कर दिए।

मिस आधे घण्टे बाद आयीं। सबसे पहले मेरा काग़ज़ उठाया। मैं फिर काँपने लगा। मिस ने मेरा बनाया हुआ धुँधला चित्र देखा। पेंसिल से बनाया हुआ फुटपाथ था। फुटपाथ के दोनों ओर पेड़ों की छाँव थी। वहाँ था स्कूल। स्कूल के ऊपर एक हॉल था।

"गुड!" मिस के इतना कहने पर मैं ख़ुशी से उछल पड़ा। कभी न सोची हुई शाबाशी जो मिली थी।

इसके बाद रिपदेन की बारी आयी। उसके चित्र में तो तेज़ धूप खिली है। गाँव में घर बढ़े हुए हैं, पर घरों से भी बड़े फूल खिले हुए हैं। जो भी हो, उसके गाँव में सड़क पहुँच चुकी है।

मिस मन्द–मन्द मुस्कुरायीं और पहले के शब्द दोहरा दिये... "गुड"! तब मुझे समझ आया कि मिस तो सभी को गुड देने वाली हैं। इससे पहले मैं बेक़ार ही इतरा रहा था!

जुनिराम के गाँव में तो घरों की भीड़ थी। सभी लोग व्यस्त दिख रहे थे। ऐसा लग रहा था, सभी राशन लेने जा रहे थे। गाँव के पास एक मन्दिर बना हुआ है। द्वार पर लिखा है, 'जय श्री राम'।

मिस फिर मुस्कुरायीं और पहुँचीं हरिप्रसाद के पास। हरिप्रसाद का काग़ज़ देखा। काफ़ी देर तक उसे घूरती रहीं। चित्र देखकर तो मिस हैरान रह गयीं। उसका चित्र एकदम पेंटर जैसा बना था!

अब पेंटर क्या होता है, वो हमें क्या पता?

सब जमा हो गये। देखने लगे हरिप्रसाद का बनाया हुआ गाँव का चित्र।

गाँव सुन्दर था। ऊपर सफ़ेद बादल तैर रहे थे। नीचे घिसखोला था। वह तराई को देखता हुआ बह रहा था। थोड़ा ऊपर हमारा स्कूल था। स्कूल के ऊपर एक और भवन था। वहाँ लिखा हुआ था–'हाईस्कूल'। थोड़ा अलग से एक और घर था। वह थी स्वास्थ्य चौकी।

यह तो भयंकर स्वप्न था। जिस सपने को गाँव वाले एक दशक बाद भी नहीं देख सकते थे, उसने वह सपना आज ही देख लिया था। मिस ने हरिप्रसाद की पीठ थपथपायी और बोलीं, "तुम लोग इस गाँव को बनाने वाले इंजीनियर हो। गाँव के सपने को तुम सबने साकार बनाना है"।

15 अगस्त क़रीब था।

मिस ने एक घोषणा और कर दी, "इस बार बड़ा कार्यक्रम करेंगे"। हम बहुत ख़ुश हो गये। मिस ने कहा, "ज्ञान छिरिंग और रमेश ने स्कूल छोड़ दिया है। अब चौथी में तुम चार लोग ही हो, अगले साल से सभी हाईस्कूल जाओगे। इसलिए इस बार के कार्यक्रम में चारों को कम्पलसरी भाग लेना होगा। सबको बारी–बारी स्टेज पर चढ़कर भाषण देना होगा। जो अच्छा करेगा, उसे अलग से मार्क्स मिलेंगे। यह कार्यक्रम वर्क एजूकेशन और फ़िज़िकल एजूकेशन का हिस्सा है। इस बार तुम्हें हैंडवर्क जमा नहीं करना पड़ेगा। समझ गये?"

मैं फिर थर–थर काँपने लगा। रिपदेन का चेहरा लाल पड़ गया। उसका चेहरा ही ऐसा था, डर लगने पर लाल, गुस्सा आने पर भी लाल।

हरिप्रसाद ख़ुश लग रहा था। शायद इसीलिए वह मुस्कुराया। जुनिराम के चेहरे पर भी अन्धकार था।

"गाँव में क्या–क्या अच्छा है? गाँव की कमज़ोरियाँ क्या–क्या हैं? पढ़–लिखकर तुम लोग क्या बनोगे?" मिस ने क्लास में सुनाया– "इन तीन विषयों पर बोलना होगा। समझ गये?"

मिस ने इतना बोला ही था कि हम लोग अलग–अलग दिशाओं में चलने लगे। अलग–अलग सोच में डूब गये। कोई चुपके–से जाकर स्टेज़ पर बोलने में लगा रहता था। कोई कुछ नया सोचने में लगा रहता था। कोई दूसरों को पूछने में लगा रहता था।

ऐसा लग रहा था, हम सब एक हाथ की उँगलियाँ ही तो हैं। अन्तर बस इतना है कि सभी का आकार अलग–अलग है। बस, यही दिखाना था पूरे गाँव को।

स्टेज तैयार था। कार्यक्रम शुरू होने वाला था।

राजू सर स्टेज़ की दूसरी तरफ़ थे। इस बार सर ने बालों में काला रंग नहीं लगाया था। सफ़ेद बाल अलग से दिख रहे थे। बीच में मुख्य अतिथि बैठे थे। वह गाँव के मण्डल थे। अक्सर थोड़ी चढ़ाकर ही कार्यक्रमों में आते थे।

स्टेज के इस तरफ़ थीं मिस। ग्राउंड में चारों ओर गाँव वाले थे। वे गम्भीर दिख रहे थे, जैसे वोट के भाषण सुनते समय दिखते थे। कार्यक्रम के संचालक स्टेज पर आये। उन्होने सबका स्वागत किया और कार्यक्रम के बारे में भूमिका बाँधी। फिर सूची में लिखा पहला नाम पढ़ा। वह नाम तो मेरा ही था।

हाथ में पर्चा लेकर मैं स्टेज़ पर चढ़ा और पढ़ना शुरू किया– "मुझे सबसे ज़्यादा प्यार दादाजी करते हैं, पर क्या कहूँ, वह दारू बहुत पीते हैं। पहले दादाजी के छोटे भाई हमारे साथ ही रहते थे। वे तो बिना दारू हँस भी नहीं पाते थे। रो भी नहीं पाते थे। उनकी हथेली की रेखाओं में एक चक्र था। लामा ने बचपन में उनका हाथ देखकर बोला था, "या तो यह राजा बनेगा या भिखारी।"

ऐसा ही तो हुआ न। हर समय वो दारू ज़्यादा ही पीते थे। और दारू के साथ तो मीट चाहिए ही होता था। जो भी उन्हें समझाने जाता था, उसे पीटने को दौड़ते थे। गाँव में एक दिन फुयेल बा का बैल गिर गया। पहाड़ से बैल के गिरने की बात पूरे गाँव में फैल गयी। छोटे दादाजी भी शोर की तरफ़ दौड़ पड़े।

"अभी मीट ले जाओ, बाद में आधा दाम ज़रूर दे देना। बैल तो बहुत बड़ा था। अब करें भी तो क्या!" फुयेल बा धीरे–से बोले, "हमारे ग्रह ही ख़राब चल रहे हैं। साइंला, अब तुम्हारे ज़िम्मे छोड़ रहा हूँ ये"।

"छोटे दादाजी ख़ुश हो गये। पूरे गाँव में मीट बाँट दिया। एक डोको भर के तो अपने ही घर के लिए रख लिया। हफ़्ते भर आराम से यही खाया। धुत्त होकर हाथ घूँसा चलाते हुए घूमे। मुक्के से पेड़ की छाल को उतारने की कोशिश में बायाँ हाथ भी तोड़ लिया। एक महीना ऐसे ही बीत गया। उसके बाद नयी मुसीबत आ गयी। मीट तो सबने खा लिया पर पैसे किसी ने नहीं दिए।

"अब छोटे दादाजी बौराने लगे। उसी समय फुयेल बा आ गये। दादाजी ने फटाफट दो बड़ी टोकरी अदरक दिखा दी। सब कहते थे फुयेल बा बहुत काइयाँ थे, पर ऐसा तो नहीं था। उनका दिल तो बहुत बड़ा था। वह बोले, "इसे बो दो। बाद में आधा–आधा बाँट लेंगे"।

"छोटे दादाजी ने अपनी अदरक बोई। दो टोकरी से चार टोकरी फैलाई। वो फुयेल बा को बाँट दी। उस समय बा ने खँखार थूकते हुए कहा– "अदरक की पहली गाँठ मत बाँटना। अगले साल और बाँटने से हिसाब पूरा हो जायेगा। तुम्हें ये ख़ूब फल रहा है।"

"उन्हीं दो टोकरियों से दो साल अदरक उगाई और बाँटी गयी। फिर भी बैल का कर्ज़ नहीं उतरा, उल्टा ब्याज और चढ़ गया। उस ब्याज़ के साल की बात है, अदरक पूरी सड़ गयी। छोटे दादाजी ने दारू चढ़ाई और फिर बौराने लगे। उसी समय फुयेल बा दिख पड़े।

वो बोले, "तुम अपने ही गाँव के हो। चिन्ता की कोई बात नहीं है। तुम्हारा वो पहाड़ी वाला खेत है न, वो मुझे दे दो। ऊपर से पूरे पचास रुपये भी दूँगा, भई।"

"अब तो छोटे दादाजी राजा बन गये। पूरा महीना नशे में धुत्त रहते थे। उसके बाद टुकड़ों–टुकड़ों में खेत बेचने लगे। उसी के पैसे से रात–दिन धुत्त रहते थे। महीना पूरा होते पैसे ख़त्म हो जाते थे। हालत दयनीय हो जाती थी।

"ज़मीन बेचते ही दादाजी राजा बन जाते थे। पैसे ख़त्म होते ही भिखारी बन जाते थे। ऐसे ही धुत्त रहते–रहते छोटे दादाजी चल बसे। मुझे गाँव वाले धुत्त होते अच्छे नहीं लगते। ज़मीन बेचकर पीते हुए अच्छे नहीं लगते।"

तालियाँ ज़ोरों–से बजीं। मेरे पैर ज़मीन पर नहीं थे। मैंने फिर बोलना शुरू किया– "गाँव के सपने को हमेशा राजनीति की लात सहनी पड़ती है। मैं उसी सपने की कहानी लिखना चाहता हूँ। पढ़–लिखकर लेखक बनना चाहता हूँ।"

पूरा मैदान तालियों की गड़गड़ाहट से भर गया।

अब बारी आयी रिपदेन की। उसने भी खुली आवाज़ में बोलना शुरू किया– "मुझे गाँव वाले घास काटते अच्छे नहीं लगते। गोबर खोंचते हुए अच्छे नहीं लगते। मुझे अच्छा लगता है गाँव में रोड आना। मैं पढ़–लिखकर फ़ौजी बनूँगा। देश की सेवा करूँगा। इतना ही है।"

फिर आया जुनिराम। बोला–"हमारे गाँव में लोगों के चलने के लिए रास्ता ही नहीं है। बिजली भी नहीं है, बत्ती भी नहीं है। दरअसल, कुछ भी नहीं है। मुझे यह ख़ाली गाँव अच्छा नहीं लगता। नीचे घिसखोला पर पुल बनायेंगे। ऐसा नेता लोग हर वोट के समय बोलते हैं, पर अभी तक कुछ भी नहीं किया है। इसी वजह से बरसात में लोग खोला पार करते हुए बहकर मर जाते हैं। मुझे यह सब बिल्कुल अच्छा नहीं लगता, पर फिर भी यहाँ कोई किसी के पैर नहीं काटता।

ये मुझे अच्छा लगता है। मैं पढ़–लिखकर नेता बनूँगा। घिसखोला पर पुल बनाऊँगा।"

छोटे नेताजी की बात गाँव वालों को ख़ूब पसन्द आयी। तालियाँ गूँज उठीं।

फिर बुलाया गया हरिप्रसाद विश्वकर्मा को। मिस हल्के–से मुस्कुरायीं। इतना ग़ज़ब चित्र बनाने वाले लड़के की सोच भी कितनी ग़ज़ब होगी, इसी विश्वास से वो मुस्कुरायीं होंगी।

हरिप्रसाद स्टेज पर चढ़ा। और अपने मन की बात उड़ेलनी शुरू की–

"मैं तो छोटी जात का इन्सान हूँ, है न? लोगों का ऐसा कहना मुझे अच्छा नहीं लगता। और न, उस दिन भी पण्डित जी ने "मेरी पोती के पास मत आना" कहकर मुझे झड़प दिया था। क्या मैं अपनी दोस्त के पास भी नहीं जा सकता? वह मुझसे छोटी है, फिर भी मैं उसे 'तुम' बोलूँगा और वो मुझे 'तू'। ऐसी बात सुनकर मुझे रोने का मन करता है। कुछ दिन पहले नागपंचमी के दिन पुरोहित बा सभी के घर गये, दरवाज़े पर साँपों से भरे नाग की तस्वीर चिपकाने। पर मुझे रास्ते में बुलाया और तस्वीर देकर ज़ोर–से कहा कि ख़ुद ही लगा लेना। अब आप ही बताइये, क्या मुझे साँपों से डर नहीं लगता? पिछले से पिछले साल मेरे पिताजी को शिवजी की मूर्ति बनाने का काम दिया। बाबा ने दिन–रात एक करके मूर्ति बनायी। मूर्ति बिल्कुल भगवान जैसी ही बनी थी। पुरोहित बा बगल में खड़े होकर देख रहे थे। बाबा ने चप्पल उतारे बिना ही मूर्ति के गले का साँप बनाना शुरू कर दिया था। क्योंकि मुझे साँप से इतना डर लगता है न, इसलिए मैं भागकर आँगन में किनारे बैठ गया था। उसी समय पुरोहित बा अचानक चिल्लाने लगे, "साला, भगवान के समीप चप्पल पहनकर जायेगा?"

"मैं अपने बाबा से बहुत प्यार करता हूँ। कोई उन पर चिल्लाये यह मैं देख नहीं सकता।

"और न, मेरे काका शहनाई बजाते हैं। जब तक वो यह न करें किसी का ब्याह नहीं हो सकता। मेरे मामा कपड़े सीते हैं। उनके कपड़े सिले बिना गाँव में दशहरा नहीं मन सकता। मेरे ताऊ जी दिन–रात हथियार बनाते हैं। वह औज़ार न बनायें तो गाँव का सारा काम ही रुक जाये। मुझे लगता है मेरे काका, ताऊ जी और बाबा न हों तो यह गाँव एक दिन भी न चल पाये। मुझे यह बात अच्छी लगती है।

"और न, राजू सर ने बोला था ये बड़ी जात, छोटी जात, ये सब हिन्दुओं में ही होता है। क्रिश्चियनों में सब बराबर होते हैं। मैं तो पढ़–लिखकर क्रिश्चियन बनूँगा। "

पूरा मैदान हँस पड़ा। हरिप्रसाद का चेहरा नीला पड़ गया और वह स्टेज से उतर आया।

जब हरिप्रसाद ने क्रिश्चियन बनने की बात कही थी, उस दिन राजू सर इस तरफ़ पलटकर हँसे थे। यह बात मैं आज तक नहीं भुला पाया हूँ। वह उनके चेहरे पर चमकने वाली आख़िरी धूप थी। उसके बाद वे कभी हँसे नहीं। दो–चार महीने बिना हँसे उन्होंने हमें पढ़ाया। उसके बाद एकाएक वे गाँव से लापता हो गये।

सर के लापता होने के तीन महीने बाद की बात है, स्कूल के ग्राउंड में 'राष्ट्रीय स्वयंसेवक संघ' की शाखा लगी थी।

नीलकमल शाखा प्रमुख था। उसने हमें एक बार डण्डा घुमाना सिखाया। दो बार सूर्य नमस्कार कराया। 'भारत माता की जय' का नारा लगवाया।

हमने भी उसके साथ चिल्ला दिया, "भारत माता की जय!"

उस दिन की शाखा पूरी हुई।

और फिर?

हमारे पास आकार नीलकमल ने अचरज की बात बतायी, "रिपदेन के आपा को मारने वाले राजू सर ही तो हैं। तुम सबको पता है?"

बुख़ार

राजू सर ने क्यों मारा रिपदेन के आपा को?

नीलकमल की बात सुनकर मेरे तो होश ही उड़ गये। पैर काँपने लगे। मुँह सूख गया। मैं भागकर धारा पर गया। सिर पर पानी डाला और दो घूँट पानी पिया। शाखा का डण्डा वहीं छोड़ दिया।

रिपदेन का क्या हाल होगा? मैं उसे देखना चाहता था।

वह चुपचाप पहले ही घर की तरफ़ चला गया था। मुझे उसकी बहुत चिन्ता हो गयी। सुख में साथ देने वाला क्या साथी, असली साथी तो दुःख का साथी होता है।

मेरा भोगा हुआ कोई दुःख ऐसा नहीं था जिसमें रिपदेन मेरे साथ नहीं था। दुःख बारम्बार आता ही रहता था–कभी बेंत बनकर, कभी उट्ठक–बैठक बनकर तो कभी घुटने टेकना बनकर। दुःख जब भी जैसे भी आ जाये, रिपदेन हमेशा मेरे साथ होता था। आज तो उसे सबसे बड़ा दुःख मिला था, मैं उसे अकेला कैसे छोड़ सकता था?

सुना था, गुम हुए लोग कभी मरते नहीं। कोई–न–कोई आशा के मोती सहेजकर बैठा रहता है इन्तज़ार में। बस, उसी की आँखों में वे चले आते हैं, हर साँझ ढलने से ठीक पहले।

रिपदेन के पिताजी भी तो खो गये थे। इसलिए वह हर शाम आशा के मोती बटोरकर बैठ जाता था। उसके आपा वैसे ही आ जाते थे याद बनकर।

क्या अब रिपदेन के आपा कभी नहीं आयेंगे?

"रिपदेन, मत रो न यार। मैं हूँ न तेरे साथ", मन–ही–मन दोहराता हुआ मैं दौड़ गया उससे मिलने।

उसका घर सुनसान पड़ा था। उसके अकु नीचे तबेले में थे। शाम हो चली थी। बकरे के मेमनों को अभी बन्द नहीं किया गया था। मुर्गों का दड़बा भी अभी खुला ही था।

मैं सीधे उसके कमरे में गया। अन्दर अँधेरा था। कोई काली बोरी जैसा कुछ ओढ़कर लेटा हुआ दिखा। बत्ती जलाई। रिपदेन ही था।

मैंने ध्यान से देखा। उसकी आँखें लाल थीं। चेहरा धुँधला पड़ा हुआ था। उसने पैर मोड़कर बोरी के अन्दर घुसाये हुए थे।

"क्या हुआ तुझे, हैं?" मैंने धीरे से पूछा।

"मरने को आ रहा हूँ बुख़ार से", उसकी आवाज़ काँपने लगी। वह बाएँ पलटा और खाँसते हुए उसका शरीर हिलने लगा।

मैंने उसका माथा छुआ। बाप रे, कितना गरम था!

"इस समय उसका ध्यान रखने वाला कोई नहीं है", मेरा तो दिमाग़ चकरा गया।

वह चार साल का था तब उसकी आमा उसे छोड़कर चली गयी थीं। आपा भी आन्दोलन में खो गये थे। खोये नहीं थे, अब तो पक्का था कि मर चुके हैं। वह अपने काका के साथ रहने आया था पर अकु तो दारू के साथ ही रहना पसन्द करते थे।

रिपदेन के साथ अगर कोई था तो बस उम्मीद। उसी उम्मीद के रास्ते पर उसके आपा चलकर आ जाते थे, पर अब तो वो रास्ता ही नहीं बचा था।

मेरी ज़ेब में हर्रा पड़े थे। एक कसैला हर्रा देते हुए मैंने कहा, "ले ये सुलयोमपोत खा। खाँसी झट–से ठीक हो जायेगी इससे।"

वह हर्रा लेकर बैठा रहा।

मैंने कहा, "आपा तो पहले ही झट चले गये। अब क्यों परेशान होता है? मत सोच कुछ। खोये हों या मर गये हों, तेरे साथ थोड़ी थे तेरे आपा? चिन्ता नहीं करेगा तो बुख़ार भी चला जायेगा। समझा?"

वह दूसरी तरफ़ पलट गया। मेरी बात नहीं सुनी।

थोड़ी देर में फिर खाँसा। मुश्किल से आँखें फेरीं और मेरी आँखों में देखा।

"आपा के लिए बहुत बुरा लग रहा है न?" मैंने धीरे–से पूछा।

"चूतिये, और मत हँसा ना" दाँत से कम्बल पकड़ते हुए वह बोला, "कल चलेगा लोले गाँव, मेरे साथ?"

मरने की हालत छोड़कर वह तो घूमने की बात कर रहा था। दिन में नीलकमल की कही बात याद आ गयी, "वहाँ उसकी मतिम का घर है। वहाँ उसके आपा के साथी भी हैं।"

मैंने धीरे से कहा, "चिन्ता करना छोड़ेगा तब तो कल अच्छा हो पायेगा। अच्छा हो गया तो मैं तेरे साथ चल पड़ूँगा। स्कूल से भाग निकलेंगे, ठीक?"

"तू सच में चलेगा?" उसने कम्बल से सिर निकाला और मुझसे पूछा।

"तू ठीक तो हो जा।" मैंने उसका सिर छुआ और कहा, "विद्या क़सम, तेरे संग चल पड़ूँगा। परीक्षा भी छोड़ दूँगा।"

"ऐसा है, तो तू घर जा अभी", उसकी आवाज़ में थोड़ी जान आयी, "मैं कल एकदम ठीक होकर आऊँगा।"

बाप रे, क्या कॉन्फिडेंस है उसका!

मैं दंग रह गया। चुपचाप घर को चल पड़ा।

"दादाजी, मैं रिपदेन के साथ लोले जाऊँगा।", बस एक साँस में हिम्मत भरकर सुबह–सुबह बोल दिया दादाजी को।

"अबे, इतनी दूर लोले गाँव जायेगा मरने के लिए?" दादाजी छास मथने में व्यस्त थे, हाथ में मक्खन लेकर मेरी तरफ़ पलटे।

"नहीं जाने दिया तो भाग जाऊँगा, बेचारा रिपदेन मरने को हो रहा है" मन में ठान लिया।

"उसके आपा को तो राजू सर ने आन्दोलन में मार दिया है न?" मैंने कहा। बस आँसू छलकने ही वाले थे, पर मैंने रोक लिए।

"गधे, बेसिर–पैर की बातें मत कर सुबह–सुबह", मूढ़े पर बैठे हुए दादाजी बोले, "कल के अण्डे से निकले चूज़े, तुम क्या समझोगे आन्दोलन?"

"लेकिन सब लोग तो ऐसा ही कह रहे हैं?"

"उसके बाप को मारा नहीं है, वो अपने आप ही गुम हो गये हैं।" दादाजी के चेहरे पर अमावस की रात छा गयी, "गुम हुए लोग कभी मरते नहीं हैं। इसलिए उसके आपा भी मरे नहीं हैं, ठीक है?"

"नहीं, राजू सर ने ही मारा है, यही बोल रहा था नीलकमल", मैं अब रोने ही वाला था।

"तुम लोग यह सब नहीं समझते हो। नीलकमल की कुछ और मंशा है। वह नहीं चाहता कि सर फिर लौटकर आयें। मिस की पोस्टिंग भी जल्दी हो जायेगी। लड़कियाँ बहुत समय ऐसी जगह नहीं रह सकतीं। कुछ लफ़ड़ा हुआ तो मिस भी चली जायेंगी और सर भी लौटकर न आयें, इसी के लिए यह खेल रच रहा है नीलकमल। दरअसल, वह ख़ुद सर बनना चाहता है। अब नवीं फ़ेल लड़का सर बन गया तो स्कूल का क्या हाल होगा, सोचो तो ज़रा? समझे कि नहीं? रिपदेन के आपा को किसी ने नहीं मारा है।"

"ऐसा है, तो मैं क्या करूँ अब?"

मुझे रिपदेन का प्यार अपनी ओर खींच रहा था। मैंने ज़िद की, "मेरा दोस्त रोता रहे, यह मैं नहीं देख सकता। लोले में उसके आपा के दोस्त भी तो हैं न?"

दादाजी एक पल के लिए थमे। धीरे–से मेरे गाल मरोड़े।

वह अक्सर गाँव छोड़कर जाने की व्यथा सुनाया करते थे। ज़िन्दगी में वो तीन दिनों के लिए ही गाँव से बाहर गये थे। वही तीन दिन थे जब उन्हें बहुत दुःख भोगने पड़े थे। उन्हें भूखा रहना पड़ा था उन्हीं तीन दिनों में। इसलिए वो कहते थे, "घर छोड़ा तो सिर्फ़ दुःख ही दुःख मिलता है।"

शहर की बात आते ही वे अपनी व्यथा की कहानी सुनाने लग जाते थे। उस कहानी में वो पोस्टर चिपकाने के लिए गाँव से निकलते थे। कहानी सुनाते समय बीच में ही रुककर दादाजी एक धुँधला पर्चा दिखाया करते थे और लम्बी आह भरते थे। वह पर्चा था सन् 1956 में बनाया हुआ राज्य पुनर्गठन आयोग का मैप। उसमे दार्जिलिंग के ऊपर 'लेप्चा' शब्द चमकता दिखता था। दादाजी वही शब्द दिखाते थे और सत्तर सालों से अधिकार माँगने की पीड़ा सुनाते थें।

इस बार दादाजी ने कुछ नहीं कहा। लोले शहर थोड़ी है, शायद इसलिए उन्होंने अपनी कहानी नहीं दोहरायी।

"तो मैं जाऊँगा, ठीक है?" मैंने आख़िरी बार पूछा।

"तू तो पढ़ता–लिखता है बेटा, बात समझ। शहर नहीं जाना चाहिए, सिर्फ़ दुःख ही मिलता है", दादाजी खाँसते हुए बोले, "अब पीछे मत पड़। रिपदेन के आपा तो 86 के आन्दोलन में गुम हो गये। दरअसल, वो तो राजू सर के साथ पढ़ने गये थे शहर। वहीं आवारागर्दी में लग गये। उसी समय आन्दोलन हुआ। आन्दोलन में ही गुम हो गये। अब ढूँढ़ने से क्या मिलेगा?"

दादाजी ने बंगाली बीड़ी सुलगायी और दूसरी तरफ़ पलटकर कश खींचने लगे।

मैं असमंजस में पड़ गया।

मैं 'क्या करूँ क्या न करूँ' में ही फँसा हुआ था कि घर में फुदककर रिपदेन आ पहुँचा। कल तक बुख़ार में तपता हुआ लड़का आज तो अलग ही दिख रहा था। बालों के बीच में माँग निकालकर सरसों का तेल भी लगाया हुआ था। उसी की तेज़ गन्ध आ रही थी।

"मैं तो भाग आया हूँ", उसने आँखों से इशारा करके मुझे घर के पीछे बुलाया और बोला, "चल, भाग निकलें। मुझे वहाँ का सारा रास्ता पता है।"

दादाजी उस ओर पलटकर छास मथ रहे थे। आमा घास काटने गयी हुई थीं। मुझे रिपदेन के लगाव ने ज़ोर–से अपनी ओर खींचा।

मैंने रास्ते का सस्ता पुराना स्वेटर उठाया और फटने को आ रही चप्पल पहनकर दौड़ पड़ा उसके पीछे। हवा के वेग के साथ ही धारा तक पहुँच गया। वहाँ मुँह धोया, पैर रगड़े। हाफ़ पैंट के ऊपर पुरानी पैंट लगायी और चल पड़ा रिपदेन के पीछे–पीछे।

दौड़ते हुए चढ़ाई पर काफ़ी ऊपर पहुँचने के बाद मैंने उसका चेहरा देखा। कल तक मुरझाया हुआ चेहरा आज तो दमक रहा था। दोस्त की तबीयत ठीक करने वाला मैं ही तो था न। कितनी ख़ुशी हुई यह सोचकर! इसलिए मैंने उससे पूछा, "रिपदेन, तुझे आपा के लिए बहुत बुरा लगता है न?"

वह चुपचाप ऊपर चढ़ता रहा। हमें पूरे एक दिन चलना था। रेली नदी के पास पहुँचना आसान था क्या?

"अबे, धीरे–धीरे चल न। कल कितना तेज़ बुख़ार आया था, फिर चढ़ जायेगा।" मैंने कहा।

हम पेमलिंग गाँव पहुँचने वाले थे।

वह एक पल के लिए रुका। एक पत्थर उठाया और दूर पेड़ पर निशाना लगाते हुए फेंका। एक पल चढ़ाई पर दौड़ा और बोला, "परीक्षा के लिए कुछ पढ़ा–लिखा नहीं था। इसलिए तो प्याज़ बगल में दबाया और सो गया। शाम को प्लान बदल गया, इसलिए प्याज़ फेंक दिया। कोई बुख़ार–वुख़ार नहीं चढ़ेगा, समझा?"

"तेरी माँ का..."

मेरा दिमाग़ ख़राब हो गया यह सुनकर।

हम दिनभर चुपचाप चलते रहे।

सूरज डूबते–डूबते हमने जंगल पार कर लिया। भूख से अंतड़ियाँ सूखने लगी थीं। मुझे दादाजी की याद सताने लगी। आमा की छवि आँखों में तैरने लगी।

सड़क के पास ही एक धारा थी। बाँस के प्याऊ से बहते हुए पानी को मैंने देर तक पिया और अपनी प्यास बुझायी। आँखों से बहते आँसू पोंछे, फिर एक दो घण्टे और चले। शाम चढ़ आने के बाद कहीं जाकर हम बुआ के घर पहुँचे।

हमें देखकर तो बुआ सकपका गयीं।

"तुम लोग घर से भागकर आये हो न?" उन्होंने हमसे चाय भी नहीं पूछी और धमकाते हुए बोलीं।

"नहीं तो, घर से ही भेजा है हमें।" रिपदेन से भला कौन जीत सकता था?

शाम के सात बज रहे थे। आकाशवाणी का सिग्नल दम भरकर समाचार फूँकने लगा। थोड़ी आवाज़ आती थी फिर चली जाती थी। रिपदेन चूल्हे के पास ही ऊँघने लगा।

समाचार पूरे हुए। मतिम फुर्ती से चौके के भीतर चली गयीं। उनके पीछे एक अधेड़ उम्र का आदमी था। उसके चेहरे पर घनी दाढ़ी थी। पैरों में पुरानी चप्पल थी। कँपकँपाने वाली सर्दी में भी उसने हाफ़ पैंट पहनी हुई थी। मैंने उसका झुर्रियों से भरा माथा देखा। घर के पास के बाँझ खेत की याद आ गयी। हाथों में पड़े छाले देखे। बिना चप्पल वाले अपने दिन याद आ गये।

बुआ ने इशारा किया। रिपदेन ने 'नमस्ते' किया। मैंने भी वैसा ही किया।

"यह मेरा भतीजा है", कप में फ़ीकी चाय डालते हुए मतिम ने कहा, "अरे, नोर्देन का बेटा है यह।"

"नोर्देन?"उसका मुँह काफ़ी देर तक खुला रहा।

"अरे कहाँ, उसका बेटा इतना बड़ा हो गया क्या?"

नोर्देन?

मेरे कान टनटनाने लगे। चेहरा लाल हो गया। कान गरम हो गये। मैंने धीरे–से पूछा, "इसके आपा को जानते हैं आप?"

दाढ़ी वाले धीरे–धीरे बोल रहे थे। पहले कुछ सोचते, फिर चेहरे पर गाढ़े बादल उमड़ते, किसी तरह उन्हें छाँटते, फिर चेहरा सामान्य बनाते।

आसमान के रंग और इन्सान का मन एक जैसे ही तो होते हैं। कब बदलेंगे, कोई बता नहीं सकता।

"तुम्हारे ताऊ जी लगते हैं यह।" बुआ दाढ़ीवाले की ओर पलटीं और बोलीं, "यह तो रिपदेन के आपा के दोस्त भी हैं। आन्दोलन में पैर ख़राब हो गये। अब रेली नदी पर दिन भर गिट्टी तोड़ते हैं, रात को यहीं आकर सो जाते हैं।"

मुझे आन्दोलन की बात ने आकर्षित किया। मैं दाढ़ी वाले ताऊ के पास जाकर बैठ गया।

बुआ ने उन्हें एक गिलास दारू दी। उसके बाद वो थोड़ा खुलना शुरू हुए। रिपदेन के पास आये, उसके गाल छुए।

बुआ ने एक गिलास दारू और डाल दी। दढ़ियल ताऊ ने आँखें मींचीं और सीधे गटक गये।

भूख से हमारी हालत पतली थी। बुआ ने हमें भुना हुआ चावल दिया।

"इसके आपा को राजू सर ने मारा है न?" मैंने ताऊ जी के कानों में जाकर कल वाली बात पूछी, "सच बताइयेगा, इसके आपा खोये हैं कि मर गये हैं?"

उनका चेहरा सिकुड़ गया। उन्होंने आँखें भींचीं और हाथ माथे पर रखा। फिर वो थोड़ा-सा मुस्कुराये। एक गिलास दारू और गटकी।

और?

जान देंगे

अल्लाह हू अकबर...!

आसमान तक उड़ती हुई आवाज़ को बादलों ने रोक लिया। उस आवाज़ को उड़ाकर हवा ले आयी नासिम के घर की छत पर। वहाँ से वह सीधे उतरी उसी के कमरे में। उस आवाज़ के साथ ही नासिम के अब्बा की आवाज़ आयी, "ओ नासिम, नमाज़ के लिए आ जा।"

शाम का समय था। नासिम अनमना–सा कमरे में आया। सफ़ेद चादर बिछायी, घुटने टेके, हाथ आगे लाया, पश्चिम की ओर पलटा और शुरू करी नमाज़।

उसे अब्बा ने समझाया था कि नमाज़ पढ़ने का मतलब होता है क़ामयाब बनना। बाक़ी समय चाहें कुछ भी करो, पर दिन में कम–से–कम पाँच बार नमाज़ ज़रूर पढ़ना क्योंकि यह अल्लाह का आदेश है। वह अल्लाह जिन्होने संसार बनाया, 18 हज़ार प्राणियों की रचना करी। इन सबके बीच सबसे प्रिय इन्सान को बनाया। इसलिए सच्चे इन्सान को दिन में कम–से–कम पाँच बार नमाज़ पढ़नी चाहिए।

अब्बा ने नमाज़ पूरी की। फिर नासिम की ओर पलटे।

वह अभी भी अल्लाह को पुकारने में व्यस्त था। अब्बा को पहली बार लगा, "अब लड़का लाइन पर आ गया है।" इसके बाद दो बार खाँसे और बोले, "किसी को दुःख देना मतलब पाप करना है,

बात समझ में आयी? खुद से खुद को दुःख देना भी अल्लाह की नज़रों में पाप करना है। कभी भूल से भी ग़लत काम नहीं करना। अल्लाह हर जगह मौजूद है, वो सब देखता है। संसार के सभी अच्छे नाम अल्लाह के नाम हैं। समझ गये न?"

"दिन में स्कूल कैप्टन को पीटा था, यह भी अल्लाह को पता चल गया होगा", नासिम का दिमाग़ बिजली की तरह कौंधा। उसने अपने ज़िगरी दोस्त नोर्देन को याद किया। नोर्देन पाँचवीं कक्षा में पढ़ने आया था गाँव से। राजू सर के यहाँ रहता था। नोर्देन कहता था कि वह पल्ली पहाड़ी से आया है। पल्ली पहाड़ी मतलब कहाँ, यह नासिम क्या समझता? वह सिर्फ़ इतना समझ पाया था कि नोर्देन गणित में कमज़ोर है। वह राजू सर के साथ रहकर पढ़ता है।

नोर्देन देवानन्द की तरह मफ़लर लपेटता था। जिससे भी मिलता था, कहता था कि मण्डल का बेटा हूँ और धौंस जमाता था। जुंग चढ़ जाये तो नौवीं कक्षा वालों तक को पीट सकता था।

"नोर्देन। कितना प्यारा नाम!" नासिम ने मन–ही–मन कहा, "यह भी तो अल्लाह का नाम होगा, लेकिन वह औरों को क्यों पीटता घूमता है?"

"अरे नहीं, वह तो औरों की मदद करने के लिए लड़ता है!"

दिन की घटना दिमाग़ में ताज़ा हो आयी।

लंच से पहले की बात है। क्लास में नासिम ने हल्का हुड़दंग करना शुरू किया। कॉपी के पन्ने फाड़े, गेंद बनायी और सीताराम की पीठ पर दे मारी। पीछे बैठे सभी बच्चे ज़ोर–से हँसे।

स्कूल कैप्टन ने क्लास में शोर नहीं करने का हुक्म दिया था। उसका नाम गर्जमान गुरुङ था। सब उसे 'गरजे' बुलाते थे। नाम ही गरजे था, सब उससे थर–थर काँपते थे।

आज क्या हुआ पता नहीं, पर सभी हँसने लगे।

यह बात गरजे की बर्दाश्त से बाहर हो गयी।

वह सीधे आया और नासिम को दो थप्पड़ जड़ दिये। उसका सिर भी लगभग बेंच में दे मारा। फिर एक थप्पड़ और दिया।

नासिम के आँसू झरने लगे। वह बायीं ओर पलटा, मुट्ठी भींची और बदला लेने की माँ क़सम खायी। छुट्टी होते ही दौड़ा नोर्देन से गुहार लगाने।

नोर्देन को तो बस अपनी ताक़त दिखने का मौक़ा चाहिये था, सो मिल गया। वह बोला, "तू अपना खाना भी मुझे दे दे। ज़्यादा खाने से ताक़त बढ़ेगी। उस साले का शरीर भी बड़ा है।"

थप्पड़ खाने के बाद खाना कौन खाता? नासिम ने अपना सारा खाना नोर्देन को दे दिया। खाना खाकर नोर्देन ने बॉडी–बिल्डर की तरह अपने डोले फुलाकर दिखाये और बोला, "अब देखना, ब्रूस ली की स्टाइल में कैसे पीटता हूँ उसको?"

स्कूल की छुट्टी की आख़िरी घण्टी बजी ही थी कि नोर्देन स्कूल कैप्टन की छाती पर चढ़ने भागा।

स्कूल के सामने एक मैदान था और मैदान के ठीक नीचे था प्लेग्राउंड। ग्राउंड के बायीं ओर एक बाँझ पड़ा खेत था जहाँ जंगली काला बनमारा उग आया था। खेत की दीवार के साथ बाँस की झाड़ी थी। नोर्देन चिल्लाते हुए उसी झाड़ी की तरफ़ दौड़ा। खेत में ललकारते हुए आते नोर्देन को देखकर कैप्टन के होश उड़ गये। उसके पैर काँपने लगे और आँखें पिलपिला गयीं।

"स्कूल कैप्टन को हाथ लगाया तो अच्छा नहीं होगा", मर–मर के उसकी इतनी ही आवाज़ निकली। उसकी कँपकँपाती आवाज़ सुनकर नोर्देन की हिम्मत आसमान छूने लगी।

जब भी घमण्ड चढ़ता था, उसे अपने ताऊजी की बचपन में कही बात याद आती थी। उन्होंने कहा था– "याद रख, हम मण्डल के परिवार से हैं।" नोर्देन आज बिल्कुल मण्डल के बेटे की तरह बर्ताव कर रहा था। "मेरी आमा भूटिया हैं और मामा क़साई। बड़े की हड्डी खाने वाले के साथ दो हाथ करेगा अब?"

नोर्देन सीधे आगे बढ़ा। छाती की शर्ट मूस दी और चिल्लाया, "तेरी माँ की! दुबले–पतलों को क्या पीटता है? हिम्मत है तो मुझे हाथ लगा।"

आवाज़ आसमान तक पहुँची और हवा में चलने लगे मुक्के। कैप्टन आँखें भी नहीं मिचका पाया और मुँह पर दो घूँसे पड़ गये।

"कल सर को बता दूँगा", कैप्टन धीरे–से उठते हुए बोला। उछलते हुए नोर्देन ने एक मुक्का उसकी नाक में जड़ दिया, ख़ून निकल आया।

"अबे नासिम आ जा, तू भी पीट इसे", कैप्टन के दोनों हाथ पीछे पकड़ते हुए नोर्देन चिल्लाया।

नासिम ने थोड़ी हिम्मत की। दूर से दौड़ता हुआ आया और बायें पैर को जमाते हुए दायें पैर से कैप्टन के कन्धे पर लात मारी और बोला, "देखी रनिंग किक?"

कैप्टन तो नहीं गिरा, पर नासिम लगभग गिर पड़ा।

"मेरे लड़कों को मारेगा?" नोर्देन ने उँगली दबाते हुए आख़िरी चेतावनी दी, "भाड़ में जाये स्कूल, पर औरों से पिटकर नहीं रहना है। समझा नासिम?"

"अरे, अब कल क्या होगा?"

नमाज़ में पूरे समय नासिम के दिमाग़ पर कैप्टन छाया रहा। गरजे का चेहरा ही मन में दिखता रहा। फिर साँस रोकी और बोला, "अल्लाह, कल से स्कूल फिर बन्द हो जाये। जब तक कैप्टन अपनी पिटायी न भूले तब तक स्कूल न खुले।"

नोर्देन उसका क्लास फ्रेंड नहीं, बेस्ट फ्रेंड था। पहले वह और नोर्देन एक ही क्लास में थे, पर नोर्देन पढ़ाई में बण्डल था, इसलिए नासिम से दो साल पीछे रह गया था।

गाँव में रहते हुए नोर्देन बिल्कुल सीधा था। जब वह दूसरी में पढ़ता था, उसके पिता गाँव छोड़कर चले गये थे।

नोर्देन के घर में खाने को कुछ भी नहीं था। एक दिन वह अमलीसो के झाड़ के सुखाये हुए फूलों का गट्ठर, जिनसे झाड़ू बनती है, उठाकर चल दिया बेचने के लिए निंबोड्ग। वहाँ कांट्रैक्ट पर पढ़ाने आये राजू सर से उसकी मुलाक़ात हुई। पढ़ने से ज़्यादा खाने

के लालच में वह सर के साथ शहर आया था। शहर आने के बाद यहाँ की हवा लग गयी और उसने बदमाशी करना सीख लिया। उसी के साथ गाँव से आया चुनिलाल छेत्री अरुणा मिस के यहाँ रहकर पढ़ता था। उसने भी आकर कम बदमाशी नहीं सीखी। मिस का घर मोटर स्टैंड के पास था। बाज़ार की हवा में चुनिलाल ने गाँजा फूँकना भी सीख लिया था। वह अक्सर बस की छत पर चढ़ जाता था और छुर्पी चुराकर चबाता रहता था।

नोर्देन की चित्रकला बेहतरीन थी। वह बहुत बढ़िया चित्र बना लेता था। कोयले से दीवार पर पालथी मारे भगवान बुद्ध की तस्वीर बना देता था। पेंसिल से माथे पर सूँड निकले हुए ऊँघते गणेश की तस्वीर बना देता था। कभी लक्ष्मी माँ को पालथी में बिठाते हुए हँसता रहता था तो कभी "हनुमान का चेहरा बनाना कठिन है" कहता हुआ पेंसिल घिसता रहता था।

शहर आने के बाद उसे फिर से दूसरी क्लास पढ़नी पड़ी। इसके बाद तीसरी क्लास में दो साल रहना पड़ा। इम्तिहान ही नहीं दिया। हारकर राजू सर ने ही चौथी में रख दिया। जब वह चौथी में था तब स्कूल की रजत जयन्ती थी। "कान्छी हे कान्छी" गीत पर उसे नाचने का मौक़ा मिला। ग़ज़ब नाचा। सर फिर दंग रह गये। उसी नाच के चलते परीक्षा न देकर भी वह पाँचवीं में पहुँच गया। कभी फुटबाल अच्छा खेलकर तो कभी सर के लिए देसी जांड़ का इन्तज़ाम करकर वह पास हो जाता था। पिछले साल भी उसने इम्तिहान नहीं दिया था।

स्कूल कैप्टन की पॉवर सर जितनी ही होती थी। स्कूल कैप्टन को पीटा है, यह बात पहुँच गयी तो मरेंगे, नासिम ने मन–ही–मन सोचा और नोर्देन के घर की ओर दौड़ पड़ा।

वह घर बाज़ार के ठीक नीचे था। बाज़ार से दो गोलाई रास्ता जहाँ नीचे फुटपाथ से मिलता था, वहीं दो माले का एक घर था। उस घर के दूसरे माले पर एक छोटे कमरे में राजू सर के साथ नोर्देन रहता था।

उस सँकरे कमरे की दीवारों का कोई कोना वंचित नहीं था नोर्देन के बनाये चित्रों से।

नासिम सीधे फुटपाथ पर पहुँचा और घर की सीढ़ियाँ चढ़ने लगा। कमरे के बाहर पहुँचा ही था कि तीन जोड़ी नयी चप्पल देखीं। उन्हें देखकर वह ठिठक गया। फिर हिम्मत जोड़ी और आवाज़ लगाई, "सुन, नोर्देन।"

"कौन, नासिम?" किसी ने दरवाज़े पर आकर मलिन आवाज़ में पूछा। राजू सर थे, उसके क्लास टीचर।

उसके मुँह से सीधे निकला, "नमस्ते, सर।"

"रात में कैसा नमस्ते?" सर थोड़ा मुस्कुराये और उसे कमरे के भीतर ले गये। टेबल पर बैठने को कहा।

नासिम हैरत में पड़ गया। पहली बार उसे सर से इतना आदर जो मिल रहा था।

सर के साथ दो अजनबी बैठे थे। नोर्देन बैठा था कोने मे। वह मुस्कुराया, नासिम को नज़दीक आने का इशारा किया और उसके कान में फुसफुसाया, "यहाँ तो ख़तरनाक बातें चल रही हैं। आन्दोलन की बातें हो रही हैं।"

"आन्दोलन?" नासिम ने थोड़ा–बहुत समझने की कोशिश की।

यह तो उसकी समझ के परे की बात थी। वह बस सोचता रहा।

सर के सामने उसकी बोलती बन्द थी। सर उसे पाँचवीं क्लास से गणित सिखा रहे थे। इतना जटिल विषय पढ़ाने वाले सर क़े साथ क्या बात करना आसान था?

"दार्जिलिंग और खरसांग में लोगों को मार रहे हैं। कल भी खरसांग में 50 लोगों को पकड़ा है", 'गोर्खा राष्ट्रीय मुक्ति मोर्चा' (गोरामुमो) के साथ जुड़े हुए राजू सर ने बात शुरू की, "अब अत्याचार ज़्यादा ही बढ़ गया है। अब घरों से लड़कों को निकलना पड़ेगा। लैंड के लिए मरना तो सौभाग्य होता है। 27 जुलाई का जुलूस दमदार होगा, देखना तुम सब।"

नासिम ने नोर्देन को देखा। वह नासिम के कान के पास आया और बोला, "अब लड़कों के साथ नहीं लड़ना है, सीपीएम के साथ लड़ना है। अगर उससे भी नहीं हुआ तो बन्दूक़ भी उठानी पड़ेगी। सर ने छूट दी है, समझा?"

"बन्दूक़?" नासिम मोहित हो गया। उसे बन्दूक़ बहुत पसन्द थी। वह बन्दूक़ चलाने के लिए ही फ़ौज में भर्ती होना चाहता था। अच्छा, तो बन्दूक़ चलाने के लिए भर्ती होना ज़रूरी नहीं है? आन्दोलन करते हुए भी ऐसा सुनहरा मौक़ा मिलता है!

उसने नोर्देन के कन्धे पर सर रखते हुए कहा, "तू आन्दोलन में जायेगा तो मैं घर से ही भाग निकलूँगा।"

"अभी भागने की ज़रूरत नहीं है। यह पोस्टर हैं। अभी इन्हें चिपका देने से हमें मदद कर सकते हो।" हँसते हुए राजू सर ने झोले से पोस्टर निकाले, "कल भी स्कूल की छुट्टी है। 27 जुलाई के हमारे जुलूस को विद्यार्थियों को लीड करना है। तुम सब आज से ही काम शुरू कर दो।"

नोर्देन ने पहले पोस्टर छुए, उन्हें सूँघा और बोला, "लैंड के लिए इतने तो आज ही चिपका दूँगा, क़सम से।"

पोस्टर उठाकर नासिम चुपचाप नोर्देन के पीछे चल पड़ा। वह बेफ़िक्र था, नोर्देन उसके साथ जो था।

जब वे सड़क पर पहुँचे तब वहाँ चार लोग ही थे। दस मिनट इन्तज़ार के बाद दो लोग और आ गये। आटे की लेई पकाकर लाये थे। निकाल कर फटाफट दीवार पे पोस्टर चिपकाना शुरू किया।

तीन पोस्टर लगा लेने के बाद ऊपर से आवाज़ आयी, "अबे लफँगो, कर क्या रहे हो वहाँ?"

सबने पलटकर देखा। टॉर्चलाइट जली। वह तो वार्ड कमिश्नर थे।

"तुम सब पुलिस से लात खाओगे तब ही समझोगे।" टॉर्चलाइट दिखाते हुए कमिश्नर चिल्लाये।

नोर्देन ने थूक निगला और थोड़ी देर पहले राजू सर से सुने शब्द दोहरा दिये ज़ोर लगाकर, "हम अब लैंड के लिए जान देने को भी तैयार हैं। आ जाये पुलिस–शुलिस!"

पुलिस?

नासिम की तसल्ली हवा हो गयी। वह नोर्देन से झोला लेकर धीरे–धीरे नीचे ढलान पर चलने लगा।

धारा-144

चींटी अपने शरीर की तुलना में 20 गुना अधिक वज़न उठा लेती है। छोटे होने का मतलब कमज़ोर होना नहीं है।

जान छोटी है तो क्या हुआ? नासिम और नोर्देन में आकाश छू लेने का जोश भरा था। हिमालय पर चढ़ने का सपना था। इसके लिए क्या थोड़ा कष्ट नहीं उठाना पड़ता?

पोस्टर लगाने के अगले दिन से नोर्देन ने घोषणा कर दी कि वह स्कूल नहीं जायेगा। नासिम अकेले कैसे जाता, स्कूल कैप्टन को पीटा जो था। उसने तो घर ही न जाने की घोषणा कर दी। हर रात वह सपने में 'रैम्बो' फ़िल्म के हीरो की तरह बन्दूक़ उठाकर भागता था। इसी वजह से वह हर समय नोर्देन के साथ ही रहने लगा।

तीन दिन बाद गोरामुमो के पहले कार्यक्रम की घोषणा हुई। कार्यक्रम सादा था। बस, पिलपिले सीपीआईएम काडर को सरेंडर कराना था। उसके बाद कैलेंडर बेचते हुए गाँव गाँव में जासूसी करते हुए घूमना था। लोगों को जुलूस के बारे में बताना था।

पहला कार्यक्रम भालुखोप में हुआ। वहाँ सरेंडर करने के लिए 12 लोग थे। एक सीपीएम मानने में आनाकानी कर रहा था। इसलिए ग्रुप को लीड करने एक नया नायक आया था। लड़के उसे 'सूर्य दा' बुलाते थे। अड़ियल सीपीएम को पीटने का जिम्मा सूर्य ने लिया था।

सूर्य दा पतले थे, बाल लम्बे थे। आँखें छोटी थीं, चेहरा लाल–पीला होता रहता था। दरअसल, वह अपने नाम जैसे ही गरम थे। उनका दिमाग़ जब देखो, गरमाया रहता था।

"मेरी जात सिर्फ़ नाम से ही ठण्डी है, पर हैं हम गर्म ख़ून के। मैं राई जात का हूँ, राई।" वह कहते थे, "अब से जो राई जात को ठण्डा कहेगा, उसे पीट–पीटकर सेंक देने का काम मैं ही करूँगा।"

सूर्य आगे चले, पीछे नोर्देन और नासिम। उनके पीछे थे आधा दर्ज़न लड़के।

सूर्य ने बीड़ी सुलगाई और कश खींचते हुए कहा, "इस सीपीएम के कारण ही गोर्खालैंड नहीं मिला है अभी तक। कल नेताजी का कैसेट सुना था न, "साँप और सीपीएम मिले तो तू क्या करेगा, बोल?""

कैसा अजब सवाल पूछा है? नासिम दंग रह गया, उसने कैसेट नहीं सुना था। नोर्देन को भी कुछ अन्दाज़ा नहीं था। दोनों निःशब्द रह गये।

पीछे खड़ा दुबला लड़का सामने आया और मुक्का हवा में दागते हुए बोला, "पहले सीपीएम मारेंगे, उसके बाद ही साँप।"

"सरेंडर कराने गये हैं कि आदमी मारने?" नासिम के पैर लुचलुचा गये। आँखें धुँधलाने लगीं। मन दुखी हो गया। जो भी हो, थोड़ा–बहुत दम छाती में बाक़ी था। उसे ही इकट्ठा किया और पहला वाक्य बाहर निकाला, "अगर विरोधी सरेंडर करने को न माने तो क्या करें, सूर्य दा?"

"साले मुरदों को तो पहले मैं लात मारूँगा।" सूर्य पलट कर दहाड़े। रास्ते में फैले हुए बनमारा के झाड़ को एक घूँसा दिया और बोले "दूसरी लात तू मारना, समझा? मानेंगे कैसे नहीं, साले उचक्के?"

नासिम सकपका गया। लड़के नीचे ढलान की ओर उतर चले।

भालुखोप पहुँचते पहुँचते 11 बज आये थे। सूर्य आगे–आगे चल रहे थे। उन्हें देखते ही एक सीपीएम सामने आया, फन कुचले लाचार साँप–सा, और बोला, "सर, हम तो तैयार हैं। पता नहीं बस झण्डे काफ़ी होंगे कि नहीं?"

गाँववाले नीचे खड़े थे। वह अब लाल को पाप और हरे को पुण्य की तरह देखने लग गये थे। हर कोई हरा बनने को तैयार था।

"कहाँ है तुम्हारा नेता?", सूर्य फिर कड़कने लगे, "दिख नहीं रहा है वह।"

कड़ा स्वर सुनकर कामरेड घबरा गया। सटपकाहट में लाल सलाम ठोंकते–ठोंकते रह गया। ख़ुद को सँभाला, फिर बोला, "उसने फ़ैसला किया है कि घर छोड़ देगा, पर सिद्धान्त नहीं। इसलिए नीचे सिलीगुड़ी शहर चला गया है।"

"उसकी माँ का ...साला आन्दोलन में कहाँ का सिद्धान्त?", सूर्य ने लकड़ी की कुर्सी पर एक लात जड़ दी। कामरेड ने धीरे–से सूर्य के चेहरे की ओर देखा।

पहाड़ में 'गोरामुमो' का स्वर चढ़ रहा था। 'गोरामुमो' मतलब गोर्खालैंड की माँग रखने वाली पार्टी। इसलिए जो 'गोरामुमो' के साथ नहीं था, वह गोर्खालैंड की माँग के साथ नहीं था। हालत ऐसी ही थी। ऊपर से वामपन्थी होना तो गोर्खालैंड का विरोध करने बराबर था। भई, वह तो सरकार की पार्टी थी न!

आन्दोलनकारी गाँव–गाँव घूमते थे। अन्य दलों के कार्यकर्ताओं को धमकाकर हरे झण्डे पकड़वाते थे। जो ऐसा नहीं करते थे उन्हें जाति–विरोधी क़रार दिया जाता था। आन्दोलन में जाती विरोधी होना ख़ुद के ही घर में आग लगवाने जैसा होता। जान जोखिम में डालने जैसा होता। इतना जोख़िम उठाने से तो घर से भागना ही बेहतर है, क्यों? इसीलिए वामपन्थी नेता भागकर सिलीगुड़ी में हिमाली नगर चला गया था।

कामरेड ने काफ़ी देर अपने पुराने नेता को याद किया। फिर खाँसते हुए बोला, "अब आप ही हमारे नेता हैं। हम सभी का समर्थन आपके साथ है। आज तक हम भटके हुए थे। भूल–चूक माफ़ हो।"

सूर्य ने यह बात मानी या नहीं, यह किसी को नहीं पता, पर उनके चेहरे पर एक नया सूर्य उग आया था। उसे सबने देखा।

सबके हाथों में अब हरे झण्डे थे। सूर्य ने जिस नेता के बारे में पूछा था, उसके सिवा सारे लाल आज से हरे बन चुके थे।

इसके बाद लौटते समय सूर्य ने गर्व के साथ एक नयी योजना बताई, "कल से कैलेंडर बाँटने हैं, समझ गये सब लड़के?"

भालुखोप से लौटकर इसी में रात बीत गयी।

अगले दिन सुबह–सुबह ही सूर्य ने एक ढेर कैलेंडर निकाले और आदेश दिया, "राजू सर ने कहा है कि यह कैलेंडर बेचने हैं। नासिम, मैं और नोर्देन यह काम करेंगे। बाक़ी सब लड़के यहीं रहकर राजू सर की मदद करो। समझ गये सारे?"

कैलेंडर में सुभाष घीसिंग का एक बड़ा फ़ोटो था।

कल सीपीएम को मारने की बात करते हुए भड़कने वाला दुबला लड़का आगे आया। 'हाँ' में 'हाँ' मिलाता हुआ कमरे से निकला।

नासिम का मन था कहने का कि "मुझे नहीं जाना है" पर मुँह से एक भी शब्द नहीं निकला। उसने कैलेंडर पकड़े, सर खुजलाया, फिर पूछा, "सूर्य दा, यह आन्दोलन हो क्यूँ रहा है?"

"क्या पता, क्यूँ हो रहा है?", सूर्य दा ने कुछ पल भौंहें सिकोड़ीं, कुछ सोचा, फिर बोले, "लैंड के लिए। इस हफ़्ते जुलूस है। समझे?"

"जुलूस क्या होता है?"

"गाँडू, जितना बोला है उतना कर। तू साला नेता है कहीं का जो सब जानना चाहता है?"

सबके हाथों में कैलेंडर थे। नासिम पिलपिलाता–सा ढूँगरा बस्ती की ओर उतरा। नोर्देन अलगड़ा की ओर और सूर्य पुदुंग की ओर चल पड़े।

कैलेंडर बेचने में कोई दिक़्क़त नहीं आयी। गाँव में तो सब सज्जन लोग ही मिलते थे। बस, ख़बर देनी होती थी। वे ख़ुद ही कैलेंडर ख़रीदने को तैयार हो जाते थे। वे कैलेंडर बेचते हुए 27 जुलाई के जुलूस के बारे में इत्तिला कर रहे थे। तीन दिन ऐसे ही बीते।

चौथे दिन शाम के समय आकाशवाणी खर्सांग में आने वाले समाचार सूर्य के कान तक पहुँचे, "खर्सांग में 5 को मारा, दार्जिलिंग में 25 पकड़े गये।"

उनका मन खिन्न हो गया। पिछली बार अलग होते हुए मशविरा किया था कि चौथे दिन साँझ ढलने से पहले पुदुङ्ग दोराहे पर तीनों भाई मिलेंगे। उन्होंने मन–ही–मन नासिम और नोर्देन के बारे में सोचा। फिर मुँह में खैनी फाँकी और चढ़ाई पर चल पड़े।

लौटते समय सूर्य के मन में एक बात आयी, "गाँव के लोग बहुत ही अच्छे हैं।" मन में फुरफुरी–सी दौड़ गयी, "साला कैसे हमारे जैसों का भी आदर करते हैं, नेताओं जितना मान देते हैं। घर में जो पकाया होता है, हमें खिलाते हैं। भगवान को चढ़ाये हुए पैसे से कैलेंडर ख़रीदते हैं। सब ऐसे ही रहा तो लैंड तो मिलकर ही रहेगा।"

कुछ पल वह कुछ सोचते रहे। फिर ज़ेब में पड़े खुले पैसे टटोले और चढ़ाई पर चलने लगे दोराहे की ओर।

"सूर्य दा, हम तो पहले ही आ गये।" सूर्य को देखते ही नासिम ने मस्क़ा लगाना शुरू किया, "आप ही के लिए तो इन्तज़ार कर रहे थे।"

नासिम को सुनकर नोर्देन हल्का–सा मुस्कुराया।

सूर्य ने फिर हेकड़ी दिखानी शुरू की, "मेरे जितना चल पाओगे तुम सब? देख नीचे, वह सारी पहाड़ी कवर करके आया हूँ।"

जंगल अपनी ही आवाज़ों से गूँज रहा था। रास्ते के कोने पर एक धारा थी, वो खल–खल बह रही था। उससे प्यास बुझाकर वे आगे बढ़े। फिर चढ़ाई शुरू हो गयी, अब पुदुङ्ग पहाड़ी के ऊपर। कल रौसे जाना था। उसके बाद वह जुलूस। नासिम की बुद्धि में अब आन्दोलन की आँच गरमाने लगी।

ढलते सूरज की ओर देखते हुए नोर्देन बोला, "दार्जिलिंग में तो काफ़ी लोगों को मारा है, बता रहे हैं। गाँव में यह बात बढ़ रही है। सरकार तो हमें ज़्यादा ही दबा रही है। अब इसे नहीं सहेंगे, समझा तू?"

ठीक–ठीक न समझते हुए भी नासिम ने 'हाँ' में सिर हिला दिया।

सूर्य ने नया दाँव खोलते हुए बताया, "एक बार चीफ़ बन्दूक़ बना लें। फिर देखना, स्यारपी को सबसे पहले तो मैं ही ठोकूँगा।"

"हमारे चीफ़ कौन हैं? राजू सर?", सर खुजलाते हुए नासिम ने पूछा।

सूर्य फ़िल्मी स्टाइल में हँसे। सड़क किनारे लगे तीतेपाती की झाड़ी दबोची, छोटी कलियाँ तोड़ीं और मुँह में डालीं। फिर कड़वा न लगने का स्वाँग करते हुए कहा, "चीफ़ इज़ चीफ़। मैं तुझे कल मिलवाऊँगा। चीफ़ के ठीक नीचे हैं राजू सर। सर के नीचे मैं, समझ गया?"

ख़ुद को सर के नीचे बताने के बाद सूर्य एक पल चुप रहे। नासिम के चेहरे की ओर देखा। वह शायद उसके चेहरे में अपने प्रति विश्वास देखना चाहते थे। देख पाये कि नहीं, पता नहीं, पर आगे चलने लगे।

ऊपर चढ़ते चढ़ते एकदम शाम ढल गयी। रात हो आयी।

लो, अब मुश्किल हो गयी। कुछ भी दिखना बन्द हो गया। रास्ते के पास कहीं भी घर नहीं थे। और आधे घण्टे चलने के बाद पता चला कि हम तो रास्ता भूलकर 14 माइल की तरफ़ आ गये हैं। सूर्य तो धम्म ज़मीन पर बैठ गये। सबसे ज़्यादा वही चलकर आये थे, थकान से हल्कान हो रहे थे।

"वो वहाँ घर दिख रहा है।" बहुत देर तरसने के बाद नासिम को ढिबरी की रौशनी दिखायी पड़ी।

कम–से–कम एक घर तो दिखा। झोपड़ी जैसा था। तीतेपाती की एक और कली तोड़कर मुँह में चबाते हुए तीनों भाई उस घर की तरफ़ चल पड़े। सूर्य ने नासिम को आगे चलने को कहा। बच्चे को देखकर बूढ़ी माँ दरवाज़ा तो खोलतीं। हुआ भी ऐसा ही।

घर में बूढ़ी माँ अकेली हैं। बेटा आन्दोलन में शामिल होने निकल गया है।

"दादी, हम भी आन्दोलनकारी हैं।" नोर्देन ने थोड़ा रौब दिखाया, "दो दिनों से दूर उस पहाड़ी पर थे। अब लौट रहे हैं तो रात हो गयी है। रात यहाँ काट सकते हैं?"

दादी काफ़ी देर खाँसती रहीं। चेहरे की झुर्रियाँ और गहरी बनायीं, फिर एक पल कुछ सोचा और बोलीं, "बिल्कुल काट सकते हो। घर में जो पकाया है वही खा लेना, पर बिजली काट दी है इसलिए घर में अँधेरा है। बच्चों, तुम लोगों को दिक़्क़त हो सकती है।"

"हुआ क्या, क्यों काट दी बिजली?", धीमी आवाज़ में नासिम ने पूछा।

"यह जगह तो शहर के पास ही है न, वहाँ पहाड़ी के उस तरफ़ तो बिजली है।"

"अरे भई, वो राजेन सर ने कहा कि काग़ज़ नहीं मिल रहे हैं इसलिए काट दी।"

"मैं कल मिलता हूँ उससे। आन्दोलन में क्या मतलब काग़ज़ से? क्या बताया उसका नाम, राजेन?" सूर्य फिर गरमा गये।

उसी समय घर के ऊपर के रास्ते से लोगों के चलने की आवाज़ आयी। दादी ने खिड़की के साथ कान लगाकर सुना। एक टोली लोग शहर जाने को निकल पड़े थे।

आवाज़ सुनने के बाद दादी ने उन्हें पानी दिया। फिर ढका हुआ बर्तन खोला और उन्हें उबाले हुए चार इसकुस दिये।

तीनों भाई थकान से चूर थे। भूख से व्याकुल हो रखे थे। झट खाया और लेटते ही सो गये।

सुबह सबसे पहले नासिम उठा। उसी ने नोर्देन और सूर्य को उठाया। सूर्य धूप की तरफ़ पलटे और अँगड़ाई ली। बोले, "चलो, आज राजू सर के यहाँ चलते हैं। कैलेंडर के पैसे उन्हें ही देने हैं। शाम को नीचे रौसे पहुँचना है। चीफ़ का घर वहीं है।"

नासिम कुछ देर सोच में पड़ा रहा। फिर कहीं ऊपर की ओर देखने लगा। उसका घर वहीं तो है। मन में आया कि घर हो आऊँ, पर जाने की हिम्मत नहीं हुई। घर से भागे हुए हफ़्ते से ऊपर हो चुका था। यहाँ आन्दोलन का मोह भी था। बन्दूक़ चलाने का सपना भी था। घर में था ही क्या? वही नमाज़ पढ़ना और क्या? वो सूर्य के पीछे–पीछे चल पड़ा।

बाज़ार पहुँचकर लड़कों में नया जोश भर गया। अपना इलाक़ा जो था। जहाँ देखो वहीं हरे झण्डे लगने लगे थे। उनका उत्साह बढ़ गया।

बिजली दफ़्तर के नीचे नारा लिखा था– "पार्टी से जाति बड़ी और जाति से बड़ी मिट्टी" और स्वागत के लिए गेट बनाया हुआ था। उसी गेट ने कल रात मिली दादी माँ की याद दिला दी।

"दा, राजेन सर से भी तो मिलना है न?", नासिम ने फिजूल में ही कल शाम वाली बात याद करा दी।

"अरे हाँ", सूर्य फिर गरमाने लगे। ऑफ़िस का गेट पास में देखकर थोड़े ठण्डे पड़े और बोले, "और क्या, बोलकर रखते हैं। कुछ काम बन जाये तो पुण्य ही मिलेगा, क्यूँ?"

तीनों भाई सीढ़ियाँ चढ़ने लगे।

"राजेन सर कौन हैं?"? सूर्य ने दरवाज़े से ही पूछा।

राजेन सर तो ऑफ़िस ही नहीं पहुँचे थे। अभी–अभी तो गेट ही खुला था, इतनी जल्दी कहाँ से आ जाते सर!

"वहाँ तोपख़ाना में कुछ दिन पहले लाइट काटने का काम उन्होंने ही किया था न? वही बूढ़ी दादी के घर की, कुछ समझे?" सूर्य के इस तरह बोलने पर गेटकीपर हल्का घबराया, पर बोला कुछ नहीं।

"कौन–सी बूढ़ी दादी?" कुछ देर तो गेटकीपर ने दादी को याद करने का बढ़िया ढोंग किया।

"आओ चलें, वह आदमी तो है नहीं यहाँ।" नोर्देन ने सूर्य के क़रीब आकर कहा।

तीनों लोग सड़क की तरफ़ मुड़े और राजू सर के यहाँ जाने को चल पड़े। घर में लड़के भरे हुए थे। उन्होंने कैलेंडर के पैसे थमा दिए।

"देखना, 27 में तो लोग चींटियों से भी ज़्यादा बड़ी भीड़ में जमा होंगे।" सूर्य का जोश बढ़ गया।

इसके बाद लड़के रोटी खाकर ज़मीन पर लेट गये। नोर्देन ने कोयला निकाला और दीवार पर चित्र बनाने शुरू किये। इस चित्र में लोगों का जमावड़ा दिख रहा था।

राजू सर दिनभर व्यस्त दिख रहे थे। कभी कुछ लिखते हुए, कभी कुछ सोचते हुए। नासिम पश्चिम की तरफ़ पलटकर ऊँघता रहा।

ऐसे ही दिन बीत गया। वे सब शाम को लौटने की तैयारी में लग गये थे।

"बाज़ार से गये तो पकड़े तो न जायेंगे?", नासिम की पतली आवाज़ कँपकँपायी। "कल के जुलूस की वजह से स्यारपी भरी पड़ी है।"

"चल, क्या कर लेंगे वो गाँडु?" सूर्य ने ताव दिखाया, "हमारे जैसे ही तो हैं। वो ड्यूटी करने आये हैं और हम आन्दोलन। समझा?"

उन्होने बाज़ार के रास्ते से ही जाने का फ़ैसला किया।

थाने के आगे वरपीपल का पेड़ चुपचाप खड़ा था। वहीं दो मिनट खड़े होकर सूर्य ने कहा, "इतने स्यारपी तो हम ज़रूर हरा लेंगे कल।"

"क्या, जीतेंगे हम?" नासिम को अचरज हुई। उसके बाद शहर की तरफ़ देखा। वह दंग रह गया, "बाप रे! पूरा शहर हरा दिख रहा था।"

हर तरफ़ हरे झण्डे लगे थे। गेट भी हरा, झालर भी हरे और जंगल भी हरा। बाप रे, सारा संसार ही हरा हो चला था। पूरा का पूरा हरा।

तीनों भाई नीचे रौसे पहुँचे जहाँ जीवीसी का कैम्प था।

"ब्लडी हैल! ये अब आ रहे हैं। काम ठीक से तो किया होगा न?" चीफ़ कैम्प में ही थे। उनके सिर पर बड़ी फेल्ट हैट थी। उन्होने लड़कों की ओर सिर घुमाया। साथ में फेल्ट हैट भी घूमी। फिर आँखें मींचते हुए बोले, "कल डर के मारे घर में दुबककर मत बैठ जाना, लड़को।"

"ब्लडी हैल?" नासिम के दिमाग़ में हज़ारों बातें दौड़ रही थीं। नोर्देन हल्के–से हँसा। सूर्य चीफ़ के पीछे हो लिए।

चीफ़ कुछ कहना चाह रहे थे। बैठक के कमरे में राजू सर आये। उन्होंने चीफ़ को रिपोर्ट दी। फिर कैलेंडर का हिसाब दिखाया। और भी कई लोग जमा थे। शाम से रात हो आयी थी। मीटिंग शुरू हुई।

चीफ़ ने जुलूस की योजना बतायी, "दस माइल से लाभा, कागे, अलगड़ा और पेदोङ्ग के लोग आयेंगे। वहाँ यह लड़का, नाम क्या है तेरा? हाँ, नोर्देन, तू खड़े रहकर देखना। कुछ नहीं करना होगा, बस जुलूस को लाइन में चलवा देना। उनके संग तुझे चलना नहीं पड़ेगा।

"ईस्ट मेन रोड और और बोङ्ग बस्ती के लोग एक साथ पोस्ट ऑफ़िस के पास पहुँचेंगे। वह हमारी मूल जगह होगी। उसे सूर्य हैंडल करेगा। बस, ज़्यादा फुदककर काम बिगाड़ मत देना। पेशोक और तीस्ता हाइवे के लोग आठ माइल की तरफ़ से शहर में आयेंगे। वहाँ, तू, क्या है तेरा नाम? हाँ, तू रहना।"

नासिम की आँखें टिमटिमायीं। खाँसी निकल पड़ी। पतली आवाज़ में बोला, "नासिम, चीफ़।"

"तू स्टूडेंट है, क्यों?"

"हूँ, चीफ़।"

"कल के जुलूस में फ्रंट फेस स्टूडेंट्स ही होंगे। ब्लडी पुलिस वाले रोकने की कोशिश करेंगे। डरना मत, समझा?"

नासिम ने किसी तरह 'हाँ' में सिर हिला दिया।

"बाक़ी सब लड़के मेरे साथ चलो। सब लोग बारह बजे मेला ग्राउंड पहुँचना। वहाँ पार्टी के सब आला लोग होंगे। सन्धि जलाने का काम ग्राउंड में ही होगा। समझ गये सब लड़के?"

सब ने एक–दूसरे का चेहरा देखा। नासिम थोड़ा पीला पड़ गया था। नोर्देन की भी फुरफुरी छूट गयी थी। फिर भी सबको सूर्य का चेहरा देखकर राहत का एहसास हुआ। सबने अपना–अपना काम और ज़िम्मेदारी समझ ली और कैम्प से बाहर निकले।

"सूर्य, तुझसे मिलने एक दादी माँ आयी हैं", कैम्प के अन्दर से आवाज़ आयी। सूर्य का चेहरा थोड़ा रौशन हुआ। वह बाहर निकला, पीछे–पीछे नासिम और नोर्देन भी आये।

अरे, यह तो कल शाम वाली दादी माँ हैं। अब नयी टेंशन हो चली। यह क्यों आयी हैं अब?

"क्या हुआ दादी माँ?", सूर्य ने उन्हें कोने में ले जाकर धीमी आवाज़ में पूछा।

दादी का चेहरा खिल उठा। थोड़ा मुस्कुरायीं और बोलीं, "बहुत धन्यवाद बेटा। तुम्हें मेरा आशीर्वाद है। घर में बिजली आ गयी।"

नासिम दंग रह गया।

थोड़ी हिम्मत जुटाकर सूर्य दा ने पूछा, "क्या कहा राजेन सर ने?"

दादी थोड़ा खाँसीं फिर बोलीं, "वो साला तो लपुझन्ना बन गया। कह रहा था कि रौसे के सर लोगों को ऑफ़िस भेजने की क्या ज़रूरत थी। साला चोट्टा कहीं का!"

"अब तुम घर जाओ, यहाँ क्यों आयी हो?" थोड़ा हँसते हुए सूर्य दा बोले।

"इसलिए आयी हूँ क्योंकि बाज़ार में धारा 144 लगी है। पानी की परेशानी तो हमें भी बहुत है, तुम सबने कल देखा ही है। अगर उसमें से एक धारा हमें भी मिल जाती तो बड़ा कर्म होता बच्चों। आशीर्वाद मिलेगा।"

सूर्य तमक गये। पैर पटकते हुए बोले, "मस्तराम मस्ती में, आग लगी है बस्ती में। समझना कुछ हैं नहीं किसी को। अब जाओ, चुपचाप घर रहो।"

आँगन में शून्यता छा गयी। दादी घर को चल दीं। अँधेरे ने सबको ढकना शुरू किया। सूर्य ने मन–ही–मन सोचा, "क्या सच में यह धारा 144 पानी की ही धारा है?"

काला दिन

थोड़ी धूप, थोड़े बादल। कुछ आशा, कुछ निराशा। वह इतवार का दिन ऐसा ही कुछ साथ लिए चला आ रहा था।

चार बजने से पहले ही नासिम उठ गया। आज आँखों में एक नया सपना बनने लगा। जुलूस की योजना दिमाग़ में घूम रही थी। नोर्देन भी उठ गया। पलटकर सूर्य को उठाया। सूर्य ने अँगड़ाई ली और पूर्व की ओर पलट गया। राजू सर पहले से ही कुछ लिखने में व्यस्त थे।

"आज कुछ कुछ खटक–सा रहा है।" नासिम ने नोर्देन की ओर पलटते हुए कहा।

"कभी कुछ खटकता है, कभी कुछ जमता है। ऐसे ही खटकते–जमते ही तो ज़िन्दगी चलती है।" रजिस्टर से चेहरा हटाते हुए राजू सर बोले।

सूर्य ने पलंग पर बैठे–बैठे ही फटने को आ रहे बूट्स पहने और बाहर मैदान की ओर भाग गये। नासिम और नोर्देन भी उनके पीछे पीछे दौड़ पड़े।

ग्राउंड के दो राउंड लगाकर वे तीनों कमरे में लौटे।

राजू सर सामने खड़े थे। उनके साथ खड़े थे अधेड़ उम्र के एन.बी. सर, घनी ढाढ़ी वाले। वह पार्टी के कालेबुङ्ग जिला अध्यक्ष थे। उनके बाल लम्बे थे। लेदर की जॉकेट और पुराने दस्ताने पहने हुए थे। दस्ताने बीच में से फटे हुए थे, आधी हथेली बाहर झलक रही थी।

एन.बी. सर ने कल की योजना दोहरायी और कहा, "पार्टी अध्यक्ष के नाते इतना कहता हूँ कि यह मिट्टी की लड़ाई है। जान भी देनी पड़े तो पीछे हटना नहीं है। समझ गये लड़को?"

दिन में कोहरा छाया हुआ था। बोलते समय सर के मुँह से धुआँ निकल रहा था। अन्त में सर ने एक मुट्ठी धुआँ फूँका और चिल्लाये, "जय गोर्खा।"

सबने सुर मिलाया। कैम्प नारों से भर गया।

लड़कों में उत्साह भरा हुआ था।

"खुकुरी ले चलूँ?", नोर्देन ने बेकार का सवाल किया।

"क्यों, स्यारपी को काट सकेगा?" सूर्य को विश्वास नहीं था। "अबे गधे, ले जाना ही है। होशियारी से, किसी को पता नहीं चले, देख ऐसे"।

"आलू काटो तरकारी में तामा को, मत छेड़ना गोर्खाली आमा को" माथे पर हरा टीका लगाते हुए सूर्य दा ने कहा, "तुम सबने यह गाना तो सुना है न? ये ही गाना है जुलूस में आज सबको।"

नासिम ने यह गाना कभी नहीं सुना था, फिर भी सिर हिला दिया और हल्का मुस्कुराया।

कैम्प से सीधे जाकर एक चबूतरा था। उसके दायीं तरफ़ जोरधारा था। जोरधारा से ऊपर चढ़ाई पर चलने ही लगे थे कि रचेला का घर आ गया।

रचेला?

वह नासिम के सपनों में बार–बार आती थी। उसी के साथ पढ़ती थी। राजू सर कहते थे, "रचेला पढ़ने में अच्छी है"। लेकिन नासिम को तो लगता था, "रचेला हर बात में अच्छी है, हर एक बात में"।

रचेला बर्तन माँज रही थी। नासिम को देखकर मुस्कुरायी और बोली, "नासिम, तू कहाँ चला?"

नासिम कल का नासिम थोड़ी था, पिटाई खाने वाला। वह तो अब दूसरा नासिम बन चुका था। राजू सर कहते थे, "आन्दोलनकारी को माचिस की तीली जैसा होना चाहिए, हर समय सर पर बारूद रखने वाला।"

उसे यह वाक्य बहुत पसन्द आया था। उसी से उपमा चुराई और बोला, "पूरे पहाड़ में आग लगी हुई है और तू, परधानी, यहाँ बर्तन माँजती रहना"।

वाह! क्या बढ़िया शब्द निकले मुँह से। उसे ख़ुद ही मज़ा आ गया। सूर्य दा ने झट पलटकर उसे देखा।

"तू नहीं जायेगी?", उत्तर का इन्तज़ार न करते हुए नासिम बोलता रहा, "परधान की लड़कियाँ लालची तो होती हैं सुना था, पर लगता है डरपोक भी होती हैं"।

नोर्देन थोड़ा मुस्कुराया। नासिम कुछ समय रचेला की आँखों में देखता रहा।

"घर के सब लोग चले गये हैं। तूने तो कुछ ज़्यादा ही बोल दिया।" बर्तन रखते हुए रचेला ने कहा, "ठहर, मैं भी आती हूँ जुलूस में, समझा?"

"हमारी तो ड्यूटी लगी है न। तू जुलूस में बाक़ी सबके साथ आ जाना।" नासिम प्यार के आवेग में असहाय हो गया और सूर्य दा के पीछे पीछे दौड़ गया।

"ड्यूटी"। इस शब्द ने तो नासिम की छाती फुला दी था। उसमें नया रौब भर दिया था।

शहर रंगीन हो रहा था। हाट बाज़ार पहुँचकर तीनों भाई अलग–अलग हुए। नासिम के पैर हकले काँपने लगे, चेहरा पीला पड़ने लगा। आवाज़ गले में ही रुँधने लग गयी थी, पर खाँसा और बोला, "शाम को मिलते हैं, ठीक, लड़को?"

खैनी थूकते हुए सूर्य बोले, "छी! कितना कायर है यह मुसलमान! अभी थोड़ी देर पहले उस परधाननी के सामने तो बहुत बोल रहा था, साला?"

नासिम एकदम मुरझाने लगा और धीरे–धीरे ऊपर की ओर चल पड़ा। सूर्य दा सातदोबाटो की ओर और नोर्देन दस माइल की ओर चल पड़े। नासिम थाने के सामने से काँपता हुआ आठ माइल की तरफ़ के रास्ते पर उतरने लगा।

दिन कुहासा हो रहा था। धूप जा रही थी। अभी 11 बजने लगे थे।

लोगों की भीड़ अचानक बढ़ने लगी। ज़्यादातर लोग दौरा सुरुवाल के पारम्परिक पहनावे में थे। वे सब गीत गाते हुए, नाचते हुए, हरा गुलाल लगाये हुए आगे बढ़ रहे थे।

अब जाकर नासिम की थोड़ी हिम्मत बढ़ी। उसने लाइन को आगे बढ़ने के लिए ज़ोर–से आवाज़ लगाई, "आगे–आगे स्टूडेंट्स को रखना है, प्रेसिडेंट का ऑर्डर है।"

लाइन किसी तरह मिलते–मिलाते आगे बढ़ी। सामने वालों ने पीछे जाने से मना कर दिया, स्टूडेंट्स पीछे ही रह गये। लड़कों ने नारे लगाना शुरू कर दिया। बाप रे! क्या जोश था!

जितने लोग जुड़ते जाते, भीड़ का चेहरा बदलता जाता। इस समय वह बदलता ही जा रहा था।

बस तभी, ज़ोर–से आवाज़ आयी। उस आवाज़ के साथ पुलिस का दल आगे आया। बन्दूक़ थामे वर्दी वाले दीवार बनाये खड़े थे। जुलूस एकाएक इंजन डाड़ा के सामने पहुँचकर रुक गया। पुलिस अधिकारी पान चबा रहे थे। किसी ने उन्हें एक छोटा माइक लाकर दिया। वे वहीं से चिल्लाये, "आप लोग एक साथ आगे नहीं जा सकते। धारा 144 लगी है!"

जुलूस झुण्ड बनाकर वहीं चिल्लाने लगा।

नासिम को समझ नहीं आ रहा था कि क्या करे? पहुँचना तो मेला ग्राउंड था। उसके दिमाग़ में आइडिया आया और लड़कियों को आगे जाने के लिए आदेश देने लगा। उसका विश्वास था कि लड़कियों को नहीं रोका जायेगा।

लेकिन, ऐसा हुआ नहीं। आगे वाले माने ही नहीं। पुलिस बार बनी खड़ी रही। पहली लाइन पीछे की तरफ़ लौट आयी। बाक़ी सब तो निकल लिए होंगे, नासिम की टेंशन बढ़ने लगी। उसी समय पीछे से दूसरा समूह चिल्लाता हुआ वहाँ पहुँच गया। इसे लीड करने वाले

लोग जोश से भरे थे। सर पर पट्टे बाँधे हुए थे। पुलिस को देखते ही गालियाँ देने लगे।

एक आदमी, जिसे थोड़ी चढ़ी हुई होगी, जुलूस की तरफ़ पलटकर चिल्लाने लगा ,"गोर्खा स्यारपी को मानते नहीं। मानते नहीं, मानते नहीं। चलो लड़कों, यह बारिकेड तोड़ डालें!"

वह आगे बढ़ा। उसके पीछे आता समूह भी आगे बढ़ा। पुलिस अधिकारी ने चेतावनी दी, उसने नहीं सुना। नासिम पीछे की तरफ़ आकर खड़ा रहा। पुलिस ने फिर रोकने की कोशिश की, नहीं माना। वह आगे बढ़ता रहा।

स्थिति तनावपूर्ण होने लगी। लम्बे लड़के ने पुलिस की बात नहीं मानी, उल्टा पुलिस के साथ ज़बान लड़ाने लगा। हवा में नंगी खुकुरी लेकर दौड़ने लगा। भीड़ में भी जोश चढ़ने लगा, नारे लगने लगे, "जय–जय काली महाकाली, आयो–आयो गोर्खाली!"

पुलिस अधिकारी के लिए बर्दाश्त के बाहर होने लगा। वह माइक हाथ में लेकर और ज़ोर–से चिल्लाने लगा।

पुलिस ने आँसू गैस छोड़ दी। कमाल की बात है, वो लम्बा लड़का तो लाइन से ग़ायब हो गया। उसके ठीक पीछे एक दूसरा लड़का था। उसके बाल बिखरे हुए थे और आँखों में एक सपना था। उसी सपने ने उसे भागने नहीं दिया।

वह सीधे आगे आया। आँसू गैस का गोला उठाया और पुलिस की तरफ़ ही फेंक दिया। वह गोला फटा और ऊपर उड़ती हवा के साथ पुलिस के लिए परेशानी बढ़ा दी।

फिर?

पुलिस अधिकारी ने आख़िरी बार चेतावनी दी। किसी ने कुछ नहीं सुना।

लोगों ने जो नहीं सोचा था, अब वो होने लगा। गोलियों की आवाज़ आने लगी। आदमी गिरने लगे। आगे वाला लड़का नाली के अन्दर गिरा। पीछे वाले भागने लगे। नासिम भागकर नाली के अन्दर चला गया।

जुलूस छिन्न–भिन्न होकर बिखर गया। एक आदमी आगे आया। उसके पास पुरानी कमांडर गाड़ी थी। गाड़ी सड़क किनारे रखकर उसने पुलिस के आगे हाथ जोड़े और गिरे हुए लोगों को उठाने की अनुमति माँगी।

भोटे लहज़े में उसने पुलिस से क्या कहा, पता नहीं, पर पुलिस पीछे हट गयी। वह आदमियों को गाड़ी में डालने लगा।

अब जाकर नासिम सड़क पर आया। उसके पैर काँप रहे थे, आँखें जल रही थीं।

नासिम को देखकर भोटे ने इशारे में कहा, "ओ भाई, कौन–कौन गिरा है यहाँ? गाड़ी में डालते हैं। इन्हें अस्पताल ले जाना पड़ेगा नहीं तो यहीं मर जायेंगे ये सब।"

नासिम ने नाली में देखा। ख़ून में लथपथ वहाँ वह लड़का पड़ा हुआ था। उसका कन्धा हिलाया, उसे उठाया और गाड़ी में डाला। उसके बाद दौड़ा अस्पताल की तरफ़।

"आठ माइल में गोलियाँ चली हैं।" ख़बर धीरे–धीरे डम्बर चौक पहुँच गयी। फिर पहुँची सातदोबाटो। फिर पहुँची दस माइल जहाँ जुलूस को रोककर रखा था। नारे लगाने वाले आग हो गये, पुलिस के बैरिकेड तोड़कर आगे बढ़ने लगे। जुलूस धीरे–धीरे थानाडाड़ा की तरफ़ बढ़ने लगा। ईस्टमेन रोड वाले तो पहले ही थानाडाड़ा के पास पहुँच चुके थे। नाचने का सिलसिला अभी भी जारी था।

लोगों के मन में उल्लास भरा था। आँखों में सपने जो थे।

थानाडाड़ा में सीआरपीएफ का एक और बैरिकेड लगा था। ऊपर से माइक में घोषणा हो रही थी। धारा 144 की बात बार बार दोहरायी जा रही थी। लोग नाचने–गाने में मशगूल थे। पुलिस हथियारों के साथ ढाल बनी हुई थी, पर लोग फिर भी पीछे हटने को मान नहीं रहे थे। नारे लगते रहे, मुट्ठियाँ हवा में उठी रहीं।

"गोली लगने वालों का तो बचना मुश्किल लग रहा है" यह बात जुलूस में फैल गयी। लोग और ज़ोर–से चिल्लाने लगे, आक्रोश बढ़ने लगा।

उसी समय वर्दी पहने आदमी माइक में चिल्लाया, "पुलिस को मारने वालों को हम नहीं छोड़ेंगे।"

इसके बाद तो शोर–शराबा बढ़ गया। एकदम से ज़ोर की आवाज़ आयी। कोई कुछ सोच पाता, इससे पहले फ़ायरिंग शुरू हो गयी।

"उधर देख, वो ताईक्वांडो करने वाला लड़का आ रहा है।" कोई ज़ोर–से चिल्लाया।

ऊपर के रास्ते से एक लम्बे क़द का लड़का अपने मुँह में खुकुरी दबोचकर दौड़ता हुआ आया। चौक के पास आकर उसने अपने पैरों को घुमाया, हवा में खुकुरी नचायी और एक स्यारपी को वहीं गिरा दिया।

वह अभी ठीक से खड़ा भी नहीं हो पाया था कि आगे खड़ी एक महिला ने हँसिया निकाला और दूसरे स्यारपी की छाती में वार किया। वह महिला पलट भी नहीं पाई थी कि अचानक गोली की आवाज़ आयी। खुकुरी और हँसिया एक साथ ही गिरे।

अनहोनी हो गयी।

पूरे कालेबुङ्ग पर अँधेरा छा गया। लोग जान बचाने के लिए चारों तरफ़ भागने लगे। जिन–जिन को गोली लगीं, वे वहीं गिरते चले गये। औरतें रोने लगीं, आदमी जंगल की तरफ़ भागने लगे। पूरा अन्धकार छा गया।

पूरे दस मिनट ऐसे ही बीते। उसके बाद शोर थोड़ा घटने लगा। वर्दी वाले पीछे हटने लगे। स्थिति थोड़ी सामान्य होने लगी। उसी समय वह जीप फिर आ गयी। इस बार नासिम के साथ नोर्देन भी था उसमें।

उन्होंने गिरे हुए लोगों को उठाकर गाड़ी में डालना शुरू किया। घायलों के चेहरे देखने की हिम्मत नहीं थी। एक को डालकर दूसरे को उठाने भाग रहे थे वे।

गाड़ी की दो ट्रिप पूरी होने के बाद नोर्देन की आँखें किसकिसायीं। बाप रे! पूरी सड़क ही काली हो गयी थी। सब जगह ख़ून ही ख़ून फैला था। जुलूस में सैकड़ों चप्पलें ही बची थीं, सड़क बिल्कुल सुनसान थी। बस, बचे थे गिरने वाले और उन्हें उठाने वाले।

"ओ नासिम, यह देख, रचेला को भी गोली लगी है", नोर्देन की कँपकँपायी आवाज़ आयी।

नासिम नोर्देन की तरफ़ पलटा। उसने देखा उसी रचेला को, जिसे सुबह जुलूस में जाने के लिए उसी ने उकसाया था, जो उसके सपनों में आती थी, जिसके लिए वह अल्लाह को भी भुला सकता था।

नासिम हतप्रभ रह गया। उसके मुँह से आवाज़ नहीं निकल पायी। आँखों से आँसू नहीं निकले। किसी तरह उसने रचेला को उठाया। कपड़े में बाँधकर गाड़ी में डाला। उसकी अंतडियाँ बाहर निकल आयी थीं। कुछ बोलने की हालत नहीं थी।

रचेला को अस्पताल पहुँचाया। वहाँ इन्सान को रखने की जगह नहीं बची थी। बेड मिलने में समय लग रहा था। नासिम ने रचेला को धीरे–से उठाकर अपनी गोद में लिटाया, थोड़ा पानी पिलाया और उसके माथे पर पानी के छींटे मारे। अचानक रचेला ने लम्बी साँस ली और हल्की आवाज़ में बोली, "मैं बच तो जाऊँगी न नासिम?" उसकी आवाज़ काँप रही थी। आँखों से बहते आँसू और ख़ून के धब्बों से चेहरा काला पड़ गया था।

वह कुछ और कहने की कोशिश कर रही थी, पर बोल नहीं पाई। बस, होंठ ही काँपते रहे।

नासिम ख़ून से सन गया। बड़ी मुश्किल से यह बोलने की हिम्मत जुटा पाया, "मैंने फ़ालतू में ही तुझे बुलाकर कितनी बड़ी ग़लती कर दी, है न?"

रचेला ने फिर होंठ हिलाये, पर एक भी शब्द नहीं निकला। बस, आँखों से आँसू निकल पड़े।

अचानक रचेला की आँखें बन्द हो गयीं। हाथ धरती की ओर और तलवे आकाश की ओर हो गये।

नासिम रचेला की लाश के पास खड़ा सुकसुकाने लगा।

शाम तक नासिम और नोर्देन रौसे आ गये। कैम्प तक पहुँचने से पहले ही नासिम गिर गया। पूरे तीन घण्टे वह बेहोश रहा। कुछ बोला नहीं, पानी भी नहीं पिया। उसकी आँखों ने कोई रौशनी नहीं देखी। देखा तो सिर्फ़ अँधेरा। घना अँधेरा।

सात बजे जाकर नासिम को होश आया। उसकी आँख खुलते वक़्त आकाशवाणी से समाचार सुनाई दे रहे थे, "कालेबुङ्ग में चलीं सीआरपीएफ की गोलियाँ। तेरह आन्दोलनकारियों की मौत।"

इसके अगले दिन की ही तो बात है, बीबीसी ने 'द ब्लैक संडे' की घोषणा की थी।

वाक़ई, यह दार्जिलिंग का सबसे घोर काला दिन था।

हमला

15 दिन ऐसे ही बीते। नासिम जब–तब ऊँघता रहता था। लड़के दारू ला देते थे। वह किसी तरह पीता था, फिर पश्चिम की ओर पलटकर आकाश को ताक़ता रहता था।

सूर्य दा सुबह से दारू को यार बना लेते थे। खुकुरी की धार तेज़ करते थे, फिर मियान में डाल देते थे। कैम्प की दीवार के साथ चिलाउने का पेड़ था। वहाँ जाते थे, दो घूँसे मारते थे, फिर नासिम के पास आकार बीड़ी सुलगाने लगते थे। नोर्देन कोयला लेकर ज़मीन पर हनुमान का चित्र बनाता रहता था। कहता था, "इस भगवान के गाल बनाना बड़ा मुश्किल है"। फिर सिर मिटाता था, हाथी की सूँड लाकर जोड़ देता था। "गणेश जी, शक्ति दीजिये" बोलता हुआ हाथ जोड़ लेता था।

डेरा सुनसान था। हवा रुक–रुककर बहती थी, धूप शर्म से बादलों में छिपी जाती थी।

"21 दिन लगेंगे, चिन्ता मत करो तुम सब।" उस दिन राजू सर ने हैरतअँगेज़ कर देने वाली बात कही, "21 दिन बाद, दारू की जगह तुम सब ख़ून पीने लायक़ बन जाओगे। समझे बात?"

नोर्देन दंग रह गया। सूर्य दा हल्के नशे में ही थे, सीधे बोल पड़े, "21 दिनों में कहाँ का जादूगर आने वाला है जो छू–मन्तर करके सब ठीक कर देगा?"

"आदमी को बदलने में 21 दिन ही तो लगते हैं। जो भी होगा, तू 21 दिन बाद देखना, वह तेरी आदत बन जायेगा। आदत। समझा?" इतना कहकर राजू सर कमरे से बाहर चले गये।

फालतू की बात। नोर्देन को विश्वास नहीं हुआ। फिर भी उँगलियों पर दिन गिनने लगा। नासिम की आँखों में देखा और बोला, "सर ने कहा है तो ठीक ही होगा। देख नासिम, तू छह दिन और ऊँघेगा!"

नासिम पश्चिम की ओर पलटकर बैठा था। चेहरे के बादल छँटे नहीं थे। नोर्देन हँसा और फिर से बात दोहरायी, "21 दिन लगेंगे तुझे भी। उसके बाद दारू नहीं किस–किस का ख़ून पियेंगे हम, ख़ून।"

"मुझे रचेला बुला रही है।" अचानक नासिम के मुँह से आवाज़ निक़ली। मुट्ठी भींचकर दाँत पीसते हुए बोला, "मैं जाऊँगा रचेला के पास।"

शाम हो चली थी।

पहाड़ पूरा बन्द था। नोर्देन का चेहरा धुँधला गया।

सूर्य दा भागकर डेरे में आ गये।

सब जगह पेड़ काटने का आन्दोलन चल रहा था। पेड़ को काटकर सड़क पर गिरा दिया जाता था ताकि स्यारपी की गाड़ियाँ आगे न जा सकें।

पेड़ गिराकर लड़के डेरे पर लौट आये थे। इसीलिए नासिम को घेरने वालों की भीड़ बढ़ गयी थी।

"अबे यह पगला गया है क्या?" नोर्देन ने धीरे–से कहा।

कैम्प के ठीक पीछे आग जलायी गयी थी। लड़के केले के फूल भून रहे थे। उसी समय एक दुबला लड़का आया और उन्हें एक मैली केतली देकर चला गया। एक–एक करके वह केतली लड़कों के हाथों से मुँह तक घूमने लगी।

नोर्देन ने नासिम का माथा छुआ और बोला, "इससे अब नहीं होगा। इसे घर भेजना ही पड़ेगा।"

सूर्य दा बीड़ी के कश लगा रहे थे। बचा हुआ ठूँठ नोर्देन को दिया और आसमान की ओर देखकर कुछ देर सोचने लगे। नोर्देन ठूँठ सुलगाता हुआ नासिम के पास गया।

"रचेला के जंगल में तो वन ओझा होंगे। वो लड़के–लड़कियों को उठाकर ले जाते हैं। कहीं इसको भी तो परेशान नहीं किया है उन्होंने?", केले का फूल भूनते हुए झ्यामले बोला, "अचानक 'रचेला के पास जाऊँगा' कह रहा है। इस केतली से थोड़ा पिलाओ तो इसे।"

"बेक़ार की बात मत करो न", नोर्देन ने ठूँठ फेंका और थकी हुई गुज़ारिश कर एक आख़िरी बार सूर्य दा की आँखों में देखा। उन आँखों में उसे दिखे नासिम के अब्बा, जो अपने प्यारे बेटे के इन्तज़ार में बैठे थे।

"अब ऐसा ही करना पड़ेगा", काफ़ी देर सोचने के बाद सूर्य दा बोले, "मेरे लड़के कम हो जायेंगे अब। यहाँ रहकर तो मर जायेगा। चलो, घर ले चलें इसे।"

नोर्देन ने सिर हिलाया। उसका सिर हिला और उसी समय केतली ठंग–से ज़मीन पर गिर पड़ी। किसी ने उसे एक लात लगायी, केतली दूर जाकर रुकी।

केतली की आवाज़ रुकते ही डेरा चीत्कार से भर उठा।

लोग चिल्लाने लगे। सुनसान शाम चीत्कार से भर गयी। सब उठकर भागने लगे। सब काँपती हुई आवाज़ें एक हो गयीं। सब हिल गये।

"मारो...। मारो..." कैम्प के मेन दरवाज़े से एक टोली लड़के चीख़ते हुए अन्दर आये। मुँह पर कपड़ा बाँधे हुए आते लड़कों को देखकर सब भागने लगे। नासिम सकपकाहट में न हिला न डुला।

नोर्देन डर से पीला पड़ गया। जब दिमाग़ काम करना छोड़ दे तो भागना भी याद नहीं आता। नोर्देन के साथ ऐसा ही हुआ।

सूर्य दा नीचे ढलान पर दौड़ रहे थे, केतली से पैर टकरा गया। उनका गमबूट खिसककर निकल गया और वह दो सीढ़ी खेत नीचे जाकर गिरे। लड़के चारों ओर भाग रहे थे।

उन सबके दिमाग़ में एक बात साफ़ थी। भागते समय सबको एक ही दिशा में नहीं भागना चाहिए, चारों दिशाओं में फैल जाना चाहिए। इससे पीछे आने वाले सकपका जाते हैं।

"क्या, आ गया हमारा काल?" नोर्देन के दिमाग़ में यही बात घूम रही थी। वह उल्टी दिशा में भागने लगा। जो होगा होगा, उसने आँखें भींच रखी थीं।

उसी समय ज़ोर की आवाज़ आयी, "ब्लडी फूल्स, यही है तुम लोगों की ट्रेनिंग?"

लड़कों ने आँख उठाकर देखा, सामने खड़े थे फेल्टर हैट वाले चीफ़। उनकी आँखें गुस्से से फटने को आ रही थीं।

"लानत है।... साले ,सूअर के बच्चे!" उनकी मुट्ठी भिंच गयी। फिर वे सूर्य दा की तरफ़ पलटे, "साले गाँडुओ, यही है तुम्हारी ट्रेनिंग? असली के दुश्मन हमला करेंगे तो ऐसे ही भागोगे?"

सूर्य दा की आँखें अब जाकर कहीं टिक पायी थीं। फुर्ती से गमबूट उठाया और शरीर तानकर बोले, "माफ़ कर दीजिये, चीफ़।" सूर्य दा ने किसी तरह अपने काँपते हुए पैरों को सँभाला।

"सच में जान बच जाने से बेहतर और कोई चीज़ नहीं होती।" उन्होंने मन–ही–मन दोहराते हुए हाथ में पकड़ा गमबूट पहना।

"ऐसे भेड़ बकरी करेंगे आन्दोलन?" चीफ़ धीरे–से बोले, "'गोर्खा भागते नहीं है' मतलब यह होता है? साले, तुम लोग लड़कर नहीं भागकर ही मरोगे।"

लड़के सतर्क हो गये। सूर्य दा ने बोलने की हिम्मत जुटायी, "सॉरी, चीफ़। उस दिन की टेंशन में थे सब। अचानक हमला हुआ तो दिमाग़ ने साथ नहीं दिया।"

"नोर्देन कहाँ है?" चीफ़ आगे आये।

"यहाँ हूँ, चीफ़", उसकी आवाज़ काँप रही थी।

"खुकुरी चलाना आता है?"

एक शब्द भी निकल जाता तो, ख़ाली साँस ही बाहर निकलती रही नोर्देन की। चीफ़ ने खुकुरी घुमाना शुरू किया। हवा में ख़ाली 'साँय साँय' की आवाज़ आती रही।

"तू और सूर्य यहाँ सर की मदद करना। अब बन्दूक़ बनाना होगा।" नासिम के चेहरे के आगे चीफ़ की उँगली थी। सामने एक फ़ौजी कट बालों में अधेड़ उम्र का आदमी खड़ा था।

कितने दिनों बाद नासिम के मुँह से पहली आवाज़ निकली, "जी, सर!"

"सर नहीं, चीफ़ बोल", नोर्देन ने उसे फिर झटकाने की कोशिश की। बोला, "अबे लण्ड, डर से ही गूँगा हो गया था, डर से ही ठीक हो गया, क्यों?"

चीफ़ हँसते हुए डेरे के अन्दर चले गये।

चीफ़

इन्सान डील–डौल से नहीं, हिम्मत से ताक़तवर बनता है।

हिटलर ने ताक़त अपने शरीर से नहीं, अपनी हिम्मत से ली और डराकर रखा आधे संसार को। नेपोलियन ने इतिहास अपने डील–डौल से नहीं, अपनी हिम्मत से लिखा।

हिटलर और नेपोलियन जैसी छोटी कद–काठी के थे चीफ़ भी। उनकी मूँछें हर समय बल लगायी हुई रहती थीं। वह हर समय डिंगो बूट्स पहनते थे। ज़मीन पर पैर रखते ही मिट्टी धँस जाती थी। सिर पर फेल्टर हैट पहनते थे जिस पर दो क्रॉस्ड खुकुरियों का चिह्न बना हुआ था। कमर में खुकुरी रहती थी, झट निकाल कर हवा में 'साँय–साँय' घुमाते थे। लड़के डर के मारे हवा में घूमती खुकुरी देखते ही रह जाते थे।

वो बचपन से ही ज़िद्दी थे। गाँव वाले उन्हें 'कालू' बुलाते थे। कालू का रेकॉर्ड लड़ाई–झगड़े में अव्वल था। उसने कभी हारने वाली लड़ाई लड़ी ही नहीं थी।

तीसरी कक्षा में पढ़ते समय की बात है। उसने नवीं के एक छात्र को पीट दिया। उसके बाद स्कूल में दोस्त कम दुश्मन ज़्यादा हो गये थे।

उसकी सबसे बड़ी दुश्मनी थी किताबों से। उनसे भी बड़े दुश्मन के रूप में आ गये शर्मा सर। शर्मा सर की आँखें इतनी तेज़ थीं कि छात्रों की कोई भी हरकत उनसे छिपती नहीं थी।

पढ़ाते पढ़ाते वो डस्टर उठाते थे और आख़िरी बेंच में बैठे कालू को निशाना साधकर फेंकते थे। सिर पर डस्टर पड़ते ही कालू हमेशा सोच में पड़ जाता था, "शर्मा सर काले चश्मे के अन्दर से भला देख कैसे लेते हैं?"

उसी समय की बात है।

वार्षिक परीक्षा पूरी हुई थी। लेप्चा सर रिज़ल्ट बाँटने आये थे। लेप्चा सर बहुत सीधे थे। कालू को फेंककर डस्टर न मारने वाले वो स्कूल में अकेले थे। उन्हें देखकर लड़के बात करते थे, "सर हों तो लेप्चा सर जैसे। कभी गुस्सा नहीं करते। पीटने का काम तो पुलिस का होता है, है न?"

उस समय वह 11 साल का था। पढ़ाई नहीं करने के कारण तीसरी क्लास में था। यह साल मुश्किल था क्योंकि गाँववाले कहते थे, "तीसरी क्लास निकालना मुश्किल होता है।"

"तू भी पास हो गया है।" लेप्चा सर ने अचम्भे की बात कह दी।

पहले तो कालू दंग रह गया। फिर कुछ पल बाद उसे गुस्सा आया। सीधे सर के पास गया और बोला, "पास हो गया तो ठीक है, पर 'भी' शब्द ख़ाली मेरे लिए क्यूँ बोला?"

"पास तो तू कभी–कभी ही होता है, फ़ेल होना तो तेरे लिए हमेशा का है, इसलिए 'तू भी पास हो गया है' बोला। समझ गया?" लेप्चा सर हँसते हुए बोले।

पूरी क्लास हँस पड़ी।

वह रिज़ल्ट कार्ड उठाकर चुपचाप मेला ग्राउंड चल दिया।

कालेबुङ्‌ग में फुटबाल का बुख़ार चढ़ने लगा था। सब उसी में लगे हुए थे। दुबला और लम्बा खड़गे आगे आगे था। उसी ने बात शुरू की, "वह हाफ़ पैंट–ताऊ क्या जमकर खेलते हैं, है ना?

लड़के 'हाँ' में 'हाँ' मिला रहे थे।

ऊँची हाफ़ पैंट। फटे जूते से निकलता हुआ अँगूठा। गालों पर नाक के मैल की पपड़ी। और आँखों में कचरा भरे हुए कालू सीधे पलटा। खड़के को घुमाकर एक मुक्क़ा मारा और बोला, "मेरे पास होने पर तुझे किसलिए हँसी आयी, बोल?"

खड़के घर भाग गया। बाक़ी सब कालू के पीछे–पीछे आये।

मोटर स्टैंड एकदम ख़ाली पड़ा था। वे सब वहीं बैठकर फुटबाल देखने लगे।

खेल रोमांचपूर्ण हो रहा था। एक भी गोल नहीं हुआ था। ऊपर की सीढ़ी पर एक बेवड़ा शोर कर रहा था, नाच रहा था। लड़के उसी को चढ़ाने में लग गये।

उसी समय सामने की रो से एक टोली लड़कियों की आयी। वे कालेबुङ्‌ग गर्ल्स हाईस्कूल की छात्राएँ थीं। उसी टोली में थी पवित्रा भण्डारी। उसका रंग काला था, वह गर्ल्स स्कूल की ड्रेस में खिल रही थी। वह सीधी आगे आयी और कालू की ओर एकटक देखा। पता नहीं क्यूँ फिर मुँह ढका, 'खी–खी' हँसी और पीछे लाइन की तरफ़ दौड़ गयी।

कालू को गोरी लड़कियाँ पसन्द नहीं। उसे तो काले वर्ण की लड़की ही पसन्द है। पवित्रा के 'खी–खी' हँसने से वह मेला ग्राउंड की बॉल–वाल सब भूल गया। छाती फुलायी और लड़कों के कान में जाकर कहा, "देखा, आज तो पवित्रा मुझे देखकर मुस्कुरायी।"

"तुझे देखकर नहीं मुस्कुरायी है बे", बगल में हरिचन्द्र डरते हुए बोला, "तेरी हाफ़ पैंट फटी है, तुनतुनी बाहर निकल रही है, देख।"

तुनतुनी?

कालू गुस्से से आगबबूला हो गया। आँखें भींचीं और घर को दौड़ गया।

आमा घर में ही थीं। बाहर से चिल्लाया, "आमा, खुकुरी देना ज़रा"।

आमां ने खुकुरी दे दी। खुकुरी हाथ में लेते ही वह बाहर निकला। हाफ़ पैंट खोली और उसे काटने लगा। उसके पास एकलौती वही हाफ़ पैंट थी। पूरे सात टुकड़े कर दिये।

उस दिन वह नंगा ही सोया। अगले दिन स्कूल नहीं गया। टहलते हुए जंगल में चला गया। दिन भर मक्का भूनकर खाता रहा।

इसके दो दिन बाद ही उसने ज़िन्दगी में पहली बार पैंट पहनी। पैंट पहनने के चार साल बाद, अपनी असली उम्र छिपाकर वह पलटन में भर्ती के लिए चल पड़ा।

ठीक से कमाई करना शुरू भी नहीं किया था, काम से ऊब गया। मनमौजी को कौन रोक सकता है? काम छोड़कर घर लौट आया।

घर लौटने के साल की ही तो बात है, गाँव में दुःखभरा दशहरे का त्योहार आया।

गेंदे की फूल की क्यारी के पास खड़े हुए थे अधेड़ उम्र के कालू के पिताजी। वे बेटे की तरफ़ पलटे, 'पिच्च' थूके और बौखलाए, "हरामी, अच्छी–ख़ासी नौकरी छोड़कर आ गया। त्योहार फीका कर दिया एकदम। क्यूँ बे?"

"छोड़ो न, दशहरे के समय भी तमाशा करना ज़रूरी है?"

दोस्त ने जवाब दिया, "भला इसका मन ही नहीं लगा तो यह भी क्या करता?"

बाप के चेहरे पर अँधेरा छा गया। मन न होते हुए भी खेत की ओर चल दिए। उस पल को याद किया, जब लड़का पैदा हुआ था। अपनी ठाठ वाली चाल याद की, जब लड़का फ़ौज में भर्ती गया था। फिर याद किया वह दिन, जब ट्रेनिंग ख़त्म होते ही लड़का भाग आया। एकाएक चेहरा उतर गया।

कालू अपनी ही धुन में था। रागी का डण्ठल पकड़े खड़ा था, पिता को जाते हुए देख रहा था।

पिता अभी खेत पहुँच भी नहीं पाये थे कि धूप ग़ायब हो गयी। हवा ज़ोर–से चलने लगी, सफ़ेद बादल काले बन गये। इसके बाद बादलों ने आँसुओं की झड़ी लगा दी।

बाप खेत से ऐसे ही लौट आये। दहलीज़ पर खड़े रहे। आसमान को देखते हुए थूके और बोले, "साले लद्धड़ हरामी, अश्विन में ऐसा पानी आ गया!"

रात हो गयी, फिर सुबह हो गयी। शाम हुई, फिर रात हो गयी। बारिश नहीं रुकी। सोने की तरह चमकने वाली धान की बालियाँ ज़मीन पर लोट गयीं। रागी की फ़सल हवा के साथ साथ ज़मीन पर लेटती चली गयी।

ख़ाली इससे क्या होना था? दो दिन में तो एक तरफ़ का खेत ही बह चला। जहाँ गेंदे के फूलों की झाड़ियाँ थीं, वहाँ बालू का ढेर ही रह गया।

कठोर बारिश! इसने सब कुछ बहा दिया। सबसे बड़ी चीज़, सपनों को बहा दिया। लोग दफ़्न हो गये। सड़क टुकड़े हो गयी। दार्जिलिंग का चेहरा गड्ढों से भर गया।

तीन दिन। पूरे तीन दिनों बाद जाकर पानी रुका।

बारिश रुकने से क्या होने वाला था? इसके बाद और सत्यानाश शुरू हुआ। जिन्हें आसमान के पानी ने नहीं बहाया था, उन्हें बहाना शुरू किया आँखों के आँसुओं ने।

तीन दिनों पहले तक ज़िन्दगी गेंदे की माला की तरह सजी हुई थी। वह माला टूटी और 68 टुकड़े हो गयी। सभी के दिमाग़ में एक अंक जड़ गया, "थू! लीचड़, साला 68 का साल!"

इसके बाद?

इसके बाद बचने वालों ने 68 नम्बर रट लिया, जैसे स्कूल में रोल नम्बर रटते हैं, जैसे अपना जन्मदिन याद रखते हैं।

कालू के बाप ने कभी 68 लिखना नहीं सीखा। जो लिखा भी, उसे पहचानना नहीं सीखा। फिर भी दिमाग़ में बिठाकर रखा, "थू! साले 68 के साल ने सब बर्बाद कर दिया।"

गाँव वाले मुँह पर हाथ रखकर सोचते रहते थे। बह चुके खेतों को देखते थे, लम्बी आहें भरते थे और आसमान की तरफ़ देखकर थूक देते थे।

भूस्खलन के पाँच दिन बाद कालू के बाप को झटका लगा, "साले, क्या खायेगा अब? अपने बाप की ककड़ी?"

कालू के चेहरे पर काला बादल घिर आया। निराशा छा गयी। कुछ पल वह चुपचाप रहा। क्या सोचा पता नहीं, अचानक आँखें बड़ी कीं, लम्बी साँस ली और डूबते सूरज की ओर देखा और कह दिया, "जो भी हो जाये। मैं फिर से फ़ौज में जाऊँगा।"

पहली बार बाप के साथ आँखें मिलायी कालू ने। कालू ने पहली बार उनमें देखा, "ये पिता की आँखें नहीं, प्यार का संसार है।"

***

"नाम?"

"चन्द्रसिंह सुब्बा।"

"पिता का नाम?"

"लालवीर सुब्बा।"

"पता?"

"डुंग्रा कालेबुङ्ग।"

"शैक्षिक योग्यता?"

"जितनी चाहिए उतनी।"

भूस्खलन के दो महीनों बाद कालू चन्द्रसिंह बन गया। सिपाही चन्द्रसिंह।

गड्ढों से भरा दार्जिलिंग अभी भी वैसा ही था। कालू चल दिया पलटन में। वह सबसे पहले अपने बाप के दिल के गड्ढे पाटना चाहता था।

कालू के दादाजी दारू चढ़ाकर हमेशा कहा करते थे, "तक़दीर ले जाये नेपाल, तदबीर ले जाये बर्मा।" ठीक वैसा ही तो हुआ।

एक दिन।

परेड हो रही थी।

"तू भी बॉक्सिंग खेलोगे?" ऑफ़िसर ने सीधे आँखों में देखकर पूछ लिया।

"जी, सर", चन्द्रसिंह तुरन्त उठा और सावधान की मुद्रा में खड़ा हो गया। इसके बाद कहीं जाकर उसे फ़ौज में होना पसन्द आने लगा।

अब उसे वहाँ भी लोगों को पीटने का मौक़ा मिलने लगा। लगभग 14 साल लोगों को पीटकर बिताये। बॉक्सिंग रिंग उसके लिए उसके संसार जैसी थी।

उसी समय एक घटना हो गयी। जो नहीं सोचा था, वही हो गया। चन्द्रसिंह की सर्विस बुक खो गयी।

"फ़ौज में इसकी सज़ा बहुत बड़ी होती है" लड़कों ने डरा दिया।

उसके होश उड़ गये, नींद नदारद हो गयी, चेहरा सूखने लगा। बॉक्सिंग में ध्यान कम होने लगा, दिन चिन्ताओं में बीतने लगे। मुश्किल की घड़ी में धूप भी कड़ी हो जाती है, कहते हैं। बस, ठीक वैसा ही हुआ।

वही दिन था। चटक धूप खिली थी। पेड़ की छाँव में वह अंग्रेज़ी अख़बार पढ़ रहा था। एक न्यूज़ दिखी, जिसने उसे अपनी ओर सीधे खींचा–

"घीसिंग ने दार्जिलिंग में अलग राज्य की माँग की है!"

नॉर्थ–ईस्ट से नेपालियों को खदेड़ रहे थे। सबके दिमाग़ में असुरक्षा का भाव तो था ही, मन में आक्रोश और बढ़ गया।

उसी दिन उनके सपने में फिर गाँव आने लगा।

मन–ही–मन में घोषणा कर ली, "मिट्टी बुला रही है। अब लौटूँगा दार्जिलिंग, जाति के लिए लडूँगा।"

ख़ास टेंशन तो सर्विस बुक की भी थी।

चन्द्रसिंह दार्जिलिंग जाने की तैयारी करने लगा, इस बार पलटन में न लौटने के लिए।

तैयारी में काग़ज़ सँभालते वक़्त कमाल हो गया। सर्विस बुक मिल गयी। साला, वह तो कोट की जेब में ही थी।

बिन्दी का तिलक भी कोई तिलक?
सिन्दूर का टीका भी कोई टीका?
मिट्टी का तिलक ही राजा तिलक!
मिट्टी का टीका ही रानी टीका!

"अब मिट्टी के तिलक लगाने के दिन आ रहे हैं", नये साल के पार्टी कैलेंडर के साथ यह शोर कालेबुङ्ग पहुँचा। साथ में एक शुभ समाचार भी आ पहुँचा था, "अब दार्जिलिंग में बड़ी सभा होने वाली है, अब लोगों को सड़क पर निकलना ही होगा!"

यह ख़बर लाने वाले थे पार्टी के कालेबुङ्ग डिस्ट्रिक्ट रिप्रेज़ेंटेटिव, एन.बी. सर। गाँव भर में घूमकर वह बोलते फिरते थे, "अब डरने के दिन लद गये। मैं हरा झण्डा कालेबुङ्ग लाया हूँ। अब जाति के साथ न्याय होकर ही रहेगा।"

एन.बी. सर के सिर पर हर समय हरा पट्टा बँधा होता था। उनके आस–पास एक दर्ज़न लड़के घूमते रहते थे। शहर में निकलने से पहले पुलिस का ठौर–ठिकाना पता कर लेते थे। उसके बाद रौब के साथ निकलकर बोलते थे, "मिट्टी के लिए जान देने को तैयार हूँ!"

सभा की ख़बर लिए एन.बी. सर चन्द्रसिंह के घर पहुँचे। थोड़ी जाति की, थोड़ी मिट्टी की बात की और कहा, "तू भी फ़ौजी, मैं भी फ़ौजी। देश के लिए बहुत लड़ लिए, अब मिट्टी के लिए लड़ने का समय आया है। समझ गया?"

एनबी की बात समझकर ही तो अगले दिन चन्द्रसिंह दार्जिलिंग के लिए चल पड़ा। पीछे–पीछे एक दर्ज़न लड़के और थे उनके साथ। लड़कों को ठीक से नहीं पता था कि दार्जिलिंग आख़िर जा क्यूँ रहे हैं?

चन्द्रसिंह के साथ थे लाछिरिङ्ग। वो चन्द्रसिंह का दाहिना हाथ ही नहीं, दिमाग़ का दाहिना हिस्सा भी थे। चन्द्रसिंह को क्या क्या करना होगा, इसमे उनके सुझाव ज़रूर होते थे।

लाछिरिङ्ग को दार्जिलिंग का इतिहास अच्छे से पता था। पेशोक में आराम करने रुके ही थे, लाछिरिङ्ग ने कहानी शुरू की, "अगर ठीक से देखें तो इस जगह का नाम पेशोक नहीं पोजोक है, पोजोक। लेप्चा भाषा में इसका मतलब 'जंगल' होता है।

और इस नदी का नाम भी तीस्ता नहीं है, असली नाम है थी–सथा, समझे? तुम लोगों को 'दार्जिलिंग' शब्द का सही मतलब पता है?"

सब चुप रह गये।

उन्होंने फिर शुरू किया, "यह तो भगवान के वास का स्थान है। दाज्योर्ल्यांग मतलब, भगवान के मुस्कुराने की जगह। और खरसाङ्ग मतलब सफ़ेद सुनाखरी का फूल। कालेबुङ्ग दरअसल कालेनपोङ्ग है, पहले के समय में लेप्चाओं के एकत्रित होने की जगह। ये सब मतलब होते हैं इन जगहों के!"

सब चुपचाप थे। नीचे नीली तीस्ता नदी बह रही थी।

"घीसिङ्ग भी फ़ौजी, मैं भी फ़ौजी", चन्द्रसिंह ने बात शुरू की, "हमारे विचार तो मिलने ही चाहिए, क्यूँ लाछिरिङ्ग?"

लाछिरिङ्ग और बाक़ी सब उनके रौब से चकित रह गये।

उन्होंने फिर एक फ़ौजी लाइन चिपका दी, "जिसमें है हिम्मत उसका है हिन्दुस्तान। इस देश में बन्दूक़ चाहिए तो तोप माँगो, पिस्तौल चाहिये तो राइफ़ल माँगो। बात कुछ ऐसी है। तुम सब कुछ समझे?"

लड़के इसका मतलब समझ गये थे।

एनबी तो घीसिङ्ग के क़रीबी थे। औरों से कम कैसे दिख सकते थे? उन्होंने अपने मिट्टी प्रेम का दूसरा नारा लगा दिया, "जान दूँगा, प्राण दूँगा। गोर्खालैंड लूँगा? हाँ, लूँगा!"

लड़के थकान से चूर थे। चुपचाप चलते रहे। काफ़ी रात बाद ही दार्जिलिंग पहुँच पाये। वहाँ पहुँचकर समझ में आया, कालेबुङ्ग में तो दहशत का बस शोर मात्र है। दार्जिलिंग में तो लोग सड़क पर निकलने से ही डर रहे हैं।

पार्टी ऑफ़िस बाज़ार में ही था, पर आराम से वहाँ रात काटने की हिम्मत किसी में नहीं थी। दिन में एक बार तो सीपीएम के गुण्डे पिस्तौल लेकर आते ही थे, सबको डराकर जाते थे।

पार्टी ऑफ़िस पहुँचकर लाछिरिङ्ग की आवाज़ काँपने लगी, "शायद दिन में आना ही ठीक रहेगा, क्यूँ?"

चन्द्रसिंह ने आँखें दिखायीं। लाछिरिङ्ग ज़्यादा नहीं बोल पाया, चुपचाप पीछे की ओर चला गया।

दिन भर की थकान से चूर लड़के सोने की जगह ढूँढ़ रहे थे। अचानक ऑफ़िस में शोर होने लगा, "सीपीएम के लड़के फिर आ रहे हैं।"

सबके चेहरों पर अँधेरा छा गया, लड़कों की घिग्घी बँध गयी। लाछिरिङ्ग दरवाज़े की ओर पलटा, डर से उसकी शक्ल देखने लायक हो रही थी। जान देने को तैयार एन.बी. सर लड़कों के बीच में महफ़ूज़ होने के लिए जाकर खड़े हो गये थे। लोकल लड़के फटाफट चम्पत होने लगे। पाँच मिनट में ही ऑफ़िस पर गहरा संकट छा गया। लोग छँटने लगे। उसी समय लड़कों की एक टोली आ पहुँची। आते ही अपना दम–खम दिखाने लगे। सिर पर लाल पट्टा बाँधे एक छोटे क़द के लड़के ने कुर्सी को दो लातें जड़ीं और चिल्लाया, "कालेबुङ्ग से कौन–कौन गुण्डे यहाँ आये हैं, दार्जिलिंग में अशान्ति फैलाने, हैं?"

"ब्लडीफूल, मैं आया हूँ। क्या करेगा तू?" चन्द्रसिंह सीधा उठ खड़ा हुआ। बायाँ पैर आगे किया, मुट्ठी भींची और पुराने स्टाइल में पूछा, "कालेबुङ्ग वालों ने तेरा क्या बिगाड़ा है, बोल?"

"ज़बान लड़ाता है?", लाल फट्टे वाले ने चन्द्रसिंह के माथे पर पिस्तौल तान दी। लड़के हिलना–डुलना भूल गये। खिड़की से कोई नीचे कूद गया। ज़मीन पर गिरते हुए बोरे जैसी आवाज़ आयी। वह आवाज़ एन.बी. के भारी शरीर की थी।

"हरामी साला", चन्द्रसिंह चिल्लाया।

लड़कों ने बस आवाज़ें सुनीं। आँखें भींच कर घूँसे हवा में चलते सुनायी पड़े। चन्द्रसिंह ने दो लोगों के चेहरों के नक़्शे बिगाड़ दिये। उसके बाद पिस्तौल वाले को धरा, दो मिनट में पिस्तौल छीन ली। हमला करने वाले जहाँ से आये थे, वहीं चले गये।

फिर चन्द्रसिंह ज़ोर–से चिल्लाया, "मरोगे, सूअर के बच्चों!"

अब जाकर बचे हुए लड़कों को धीरे–धीरे होश आने लगा। कुछ जो डर के मारे टेबल के नीचे जा छिपे थे, काँपते हुए बाहर निकले। कुछ और खिड़की से अन्दर झाँकने लगे। एन.बी. भी उन्हीं में थे।

चन्द्रसिंह अभी भी गुस्से से काँप रहे थे। सब लड़के उनके पीछे आकर खड़े हो गये। लाछिरिङ्ग दरवाज़े के पीछे छिपा था। चुपचाप बाहर निकला और चन्द्रसिंह के पास आकर खड़ा हो गया।

अब क्या बाक़ी रह गया था?

आक्रमण का भोकाल हवा से भी तेज़ फैल गया। दार्जिलिंग वालों ने गाना शुरू कर दिया, "सरकार में बैठे सीपीएम वालों को तो पिस्तौल छीनकर पीट डाला। अब गया डर का ज़माना!"

इसके अगले दिन से ही चन्द्रसिंह बन गया घिसिङ्ग का राइट हैंड और बॉडीगार्ड।

इसलिए चन्द्रसिंह कालेबुङ्ग वापस नहीं लौटा, उसके साथ गये लड़के लौट रहे थे। चौरस्ता के पास एक टोली लड़के खड़े थे। एक चिमरखी मुफ़्त ज्ञान बाँट रहा था, "आदमी की ताक़त उसके शरीर में नहीं, विचारों में होती है। शरीर और विचार, दोनों की ताक़त वाला वह आदमी चन्द्रसिंह नहीं है, बिल्कुल नहीं। चन्द्रसिंह सुब्बा तो उसका बड़ा भाई है जिसके काग़ज़ लेकर वह फ़ौज में भर्ती हुआ। उसका नाम तो कुछ और है, क्या समझे लड़को?"

इसके ठीक छह महीनों बाद वही 'कोई और आदमी' जीवीसी का चीफ़ बनकर कालेबुङ्ग लौटा।

उस समय सबके चेहरों पर उजाला था, बस एक चेहरे के सिवा। वह चेहरा था 'मिट्टी के लिए जान देने वाले' एन.बी. का।

बन्दूक़

"स्यारपी ने घर ख़ाली कर दिया है। बचा–कुचा चावल भी उठा कर ले गये। रात भर कोई सोया नहीं है। आज से खाने के लिए एक मुट्ठी दाना भी नहीं बचा है।"

सुबह–सुबह कैम्प में यह बात पहुँच गयी। नासिम दंग रह गया, स्यारपी क्यों उठाकर ले गये चावल?

इसका जवाब नोर्देन के पास मिल सकता था। नासिम उसे ढूँढ़ने चल दिया। सोच रहा था कि ज़रूरत के समय यह साला कभी नहीं मिलता, आज फिर लापता है।

दिन धुँधला था। हल्की धूप थी, पर अभी कैम्प के अन्दर नहीं पहुँची थी। चीफ़ आ गये।

नासिम ने अपने होश बटोरे। सूर्य ने रिपोर्ट देनी शुरू की, "पता नहीं किसने कल रात एफ.सी.आई. का गोदाम लूट लिया है। इसलिए स्यारपी घर–घर जा रही है, सबसे चावल उठा रही है।"

चीफ़ गरजे, "साले, वो एनबीए के लड़के हैं। हमारे कैम्प के चावल गाँव वालों में बाँट दो। अब यहाँ भी रेड शुरू होगी। तुम सब रेली नदी के पार जाओ।"

रेली के पार?

"पानी से डरने से क्या होगा? मिट्टी की लड़ाई आसान होती है क्या?" अब चीफ़ रुकने वाले नहीं थे, "अब की बार मरेंगे या मारेंगे!"

एक पल थमे, फिर बहने लगे, "अब घर–घर से लड़के निकल रहे हैं, उन्हें ट्रेनिंग देने वाले सर वहीं हैं। अब बन्दूकें बनानी होंगी। तुम सब भी जाकर मदद करो। बात समझ गये?"

"आपके साथ कौन रहेगा, चीफ़?" किसी तरह सूर्य दा की आवाज़ निकली।

"मैं बाज़ार के लड़कों के साथ रहूँगा।"

"बाज़ार के लड़कों का रेकॉर्ड अच्छा नहीं है, शिकायतें आ रही हैं।"

"आन्दोलन ऐसा ही होता है। सब तरह के लोग चाहिए होते हैं। स्यारपी गोली मारे तो छाती उघाड़कर सामने आने वाले कौन होंगे, बोलो तो? सबसे पहले ये बदमाश लड़के ही तो होंगे। यह बात समझे?"

चीफ़ थोड़ा मुस्कुरा दिये और कैम्प में चले गये।

लड़के डूंग्रा से जाने की तैयारी करने लगे। उस समय नोर्देन वहाँ पहुँचा। उसने आते ही कैम्प छोड़ने की बात सुनी। उसका चेहरा चटक गया। नीचे गिरता–धँसता ही चला गया।

धँसे हुए चेहरे को थोड़ा सँभालते हुए नोर्देन धीरे–से बोला, "मेरे नहीं जाने से नहीं चलेगा?"

"क्यों नहीं जायेगा तू? यहाँ स्यारपी ग़दर काट रही है," सूर्य दा ने चीफ़ का डायलॉग मार दिया, "मरना है तो रह यहाँ। अब की मरेंगे या मारेंगे। अब बन्दूक़ बनायेंगे। समझा?"

नोर्देन का चेहरा निराशा के अँधेरे से घिर गया।

उसने नासिम को देखा और बोला, "आधे घण्टे रुकना, ठीक है?"

"क्यूँ, क्या हुआ?", नासिम ने असहाय आँखों से उसे देखा। नोर्देन झट्ट बाहर भाग गया।

पूरे एक घण्टे बाद लौटा नोर्देन। चेहरे पर नींद भरी हुई थी। बाक़ी लड़के बाहर निकल गये थे, कमरे में सिर्फ़ नासिम ही था। नोर्देन ख़ुद को रोक नहीं सका, रोता चला गया।

"अरे, क्या हो गया तुझे?" नासिम का मन कमज़ोर था। वह अपने आस–पास किसी को रोते हुए नहीं देख सकता था। उसके भी आँसू निकल पड़ते थे। अब भी ऐसा ही हुआ।

नोर्देन कुछ देर ज़ोर–से रोता रहा। फिर सुबकता हुआ धीरे–से बोला, "यार, मुझे तो इश्क़ हो गया है, बोङ्ग बस्ती की रिपपन्दी से। माँ क़सम, मैं उसे छोड़ नहीं सकता!"

"अरे!" नासिम की बोलती बन्द रह गयी।

कमरे में सन्नाटा छा गया।

नोर्देन बार–बार अकेले कहीं ग़ायब हो जाता था। अच्छा, तो यह बोङ्ग बस्ती जाता था! क्या कहे, क्या न कहे, नासिम उलझन में पड़ गया था। सूर्य दा बीड़ी के कश खींचते हुए सीधे कमरे में आये और आदेश दिया, "लड़कों, चलो। बहुत देर हो रही है।"

नोर्देन बेमन आगे आगे चला, उसके पीछे नासिम। और शुरू हुई जंगल की नयी यात्रा।

धूप पहाड़ी के ऊपर पहुँच गयी थी, ठण्डी हवा चुभने लगी थी। वे अभी रेली नदी पर पहुँचे थे। वहाँ से अभी काफ़ी ऊपर चढ़ना था। कुछ समय बाद चाँद चमकने लगा। उसके बाद सिर्फ़ क़दमों की आवाज़ ही सुनाई पड़ने लगी। आगे वाले समय–समय पर खुकुरी से झाड़ियों को काटते हुए रास्ता साफ़ करते चल रहे थे।

काफ़ी ऊपर पहुँचने के बाद उन्हें पल्ली ओर कालेबुङ्ग दिखने लगा, जहाँ दो–चार बत्तियाँ जल रही थीं।

ठीक उसी समय, पता नहीं किसी ने याद किया कि नहीं, नोर्देन का सिर एक ओर घूमा हुआ था। नज़र वहीं टिकी हुई थी जहाँ बत्ती जलती हुई दिख रही थी।

नोर्देन। बेचारा।

***

क़रीब एक हफ़्ता ऐसे ही बीत गया। पल्ली ओर कालेबुङ्ग चमकता रहता था। सुबह वह हिमालय के साथ हँसता और शाम को शान्त हो जाता था। फुटपाथ सीधे नीचे की ओर जाता था रेली नदी को छूने के लिए, फिर कैम्प को छूता हुआ ऊपर जाता था कहीं चढ़ने के लिए। यहाँ से देखने के लिए बस इतना ही था।

और कुछ नहीं दिखता था। जिधर मुड़ो, उधर जंगल ही जंगल। कैम्प के ऊपर एक छोटा स्कूल था, जहाँ ट्रेनिंग चलती थी। सब कॉम्बैट ड्रेस में होते थे। शरीर पर घास–पत्ते लपेटे रखते थे। ऐसे ही घास लपेटे हुए था नोर्देन। उसके साथ था नासिम। सूर्य दा को तो पहचानना मुश्किल था। सारे चेहरे पर कालिख़ मल के रखते थे।

दिन भर मार्शल आर्ट। कभी नीचे दौड़ो तो कभी ऊपर। लकड़ी का टुकड़ा पकड़ो और बन्दूक़ से निशाना साधने का एक्शन करो। खुकुरी चलाओ। पूरा दिन ऐसे ही बीतता था।

सब लोग ट्रेनिंग की थकान से चूर रहते थे। दिन भर दौड़ने और कूदने के बाद पाख़ाना करने के लिए बैठना भी मुश्किल होता था। पैर मोड़कर दस बार सोचना पड़ता था। नोर्देन पाख़ाना करने बैठा ही था। एकदम शोर बढ़ गया, "चीफ़ आये हैं, चीफ़। लाइन में लगो।"

लड़के फुटपाथ की दोनों तरफ़ जमा हो गये। उनके बीच में से वही चेहरा निकला जिसे उन सबने घेरा हुआ था। चीफ़ का रौब तो कुछ अलग ही था। उनके साथ चलने वाले के पास तो बन्दूक़ भी है। क्या वह बन्दूक़ सच में गोली दाग़ती है? अब यह क्या पता नासिम को?

चीफ़ का स्टाइल ग़ज़ब का था। टाइट वेस्ट, कॉम्बैट पैंट। पैरों में रैम्बो फ़िल्म के हीरो जैसे डिंगो बूट्स। लम्बे बाल, चेहरे को ढकती हुई दाढ़ी। लड़कों के लिए उनकी आँखों में देखना ही मुश्किल पड़ जाता था।

नासिम ने चीफ़ का चेहरा नहीं देखा। बस, पैर ज़मीन पर मारे और सैल्युट ठोक दिया।

"लड़ना कोई खेल नहीं है, समझा?" चीफ़ ने कन्धे पर हाथ रखते हुए कहा, "रह पायेगा कैम्प में?"

नासिम ने हिम्मत दिखाई, "लड़ने के लिए ही तो सब छोड़कर आया हूँ। घर–परिवार को भी भुला दिया है। क़सम अब्बा की, रचेला को मारने वाले को बिना मारे तो मरूँगा नहीं!"

चीफ़ मुस्कुराये। उनके बगल में एक लम्बे कद का लड़का था। उसने झट खुकुरी निकाली और कहा, "जा, केले का खम्ब काटकर दिखा तो।"

केले का पेड़ कैम्प के पास में ही था।

नासिम के पैर ढीले पड़ने लगे। दम निकालकर खाँसा और बोला, "मैं बन्दूक़ बनाने के डिपार्टमेंट में हूँ, चीफ़।"

"योर टाइम स्टार्ट्स नाउ", चीफ़ बोले, "अब लड़के–लड़कियों को भी खुकुरी चलाना सीखना पड़ेगा। इस लाछिरिङ्ग को देखो। शुरू में कितना डरता था, अब तो मुझसे भी ज़्यादा ज़ोर–से खुकुरी चलाता है।"

चीफ़ सीधे आगे बढ़े। नोर्देन की पीठ पर हाथ थपथपाया, एक पल बन्दूक़ फ़ैक्टरी की तरफ़ देखा और चढ़ाई पर चल दिये। वह ऊपर का रास्ता कहाँ पहुँचता होगा, नये लड़कों को क्या पता?

***

दस दिन भी नहीं बीते थे, कैम्प गुलज़ार हो गया। नये लड़के आते रहते थे। कुछ दिनों में 50 लड़के जुड़ गये।

सूर्य दा ने कानों में बालियाँ पहनी थीं। नासिम कुछ अनमना–सा रहता था। इसी वजह से नोर्देन उसे गाइड करता रहता था।

सुबह से ही ट्रेनिंग शुरू हो गयी थी। कोई रस्सी पर चढ़ रहा था, कोई खुकुरी चला रहा था। परली तरफ़ से एक दर्ज़न लड़के दौड़ते हुए आये।

"दौड़कर पल्ली तरफ़ जाओ, फिर दौड़ते हुए वापस यहीं आओ। समझ गये?" नरेन सर कमांडर चीफ़ थे। निर्देश वही दे रहे थे। वही एरिया कमांडर भी थे।

लड़के घोड़ों की तरह दौड़े। आवाज़ दूर ऊपर तक आयी। दूर से दौड़ते हुए वापस लौटे। आगे–आगे एक दुबला लड़का था। दौड़ते हुए थक कर ढेर हो गया।

"कौन है वह नामर्द?"

दुबला लड़का उठा, धूल पोंछते हुए फिर दौड़ने लगा।

वहाँ दौड़ चल रही थी। यहाँ कैम्प में नया सामान आ पहुँचा। एक बण्डल माचिस का बारूद, एक बण्डल एलम्यूनियम के छर्रे और दस लकड़ी के 'बट'!

या ख़ुदा! अब तो सच की बन्दूक़ बनेगी!

चार दिनों के बाद नया काम शुरू हुआ। धूमधाम से लोहा पीटना शुरू किया गया।

"लोहा पीट–पीटकर ही मर जायेंगे क्या?" हफ़्तेभर लोहा पीटने के बाद नासिम ने निराशा से नोर्देन को देखा और बोला, "ऐसे बनेगी क्या बन्दूक़?"

नोर्देन का दिमाग़ अब बेहतर हो चुका था, "नरेन सर तो आर्मी छोड़कर आयें हैं न"। साफ़ दिख रहा था कि उसके दिमाग़ से रिपपन्दी का भूत अब भाग रहा था। "देखते रहो, बन्दूक़ बनती है कि नहीं?"

इसके बाद तीन दिन ऐसे ही बीते। सातवें दिन कमांडर ने घोषणा की, "लड़कों सुनो, दो बन्दूक़ें तैयार हो गयी हैं।"

कभी दोस्तों के पकड़े जाने की ख़बर आती थी, कभी अपने लोगों के मरने की ख़बर आकाशवाणी पर सुनायी देती थी। ऐसे समय बन्दूक़ बन गयी। लड़कों के लिए प्रमोद का एक ज़रिया तैयार हो गया।

"बन तो गयी हैं, चलेंगी कि नहीं?" नासिम को ख़ुद के पीटे हुए लोहे पर पूरा विश्वास नहीं हुआ।

कमांडर चीफ़ वहीं खड़े थे। नासिम ने धीरे–से पूछा, "चलेगी तो न, सर?"

चीफ़ बिदक गये, "तेरी माँ की! कुछ ज़्यादा ही जानने लगा है। कल का अंडा आज का चूज़ा। जब तू पैदा भी नहीं हुआ था तब से मैं बन्दूक़ चला रहा हूँ, समझा? बर्मा की लड़ाई के बारे में सुना है? चीन के साथ लड़ाई के बारे में सुना है? हम तो यह सब देखकर लौटे हैं अपनी मिट्टी की लड़ाई लड़ने। तुम सबके भविष्य के लिए, समझे?"

'मिट्टी के लिए', ये शब्द सुनते ही सूर्य ने जोश दिखाया, "नरेन सर, मैं दागूंगा बन्दूक़। ये लड़के क्या जानते हैं?"

"पहले चीफ़ आ जायँ", कमांडर चीफ़ बोले। वह तो सिर्फ़ एरिया कमांडर ही थे, इसलिए उनका हुक्म कैम्प तक ही सीमित था। चीफ़ तो पूरे जीवीसी के चीफ़ थे। एक बार उनसे पूछना तो बनता था!

वही दिन था जब दूसरी बार लोले के कैम्प में चीफ़ आये थे।

नरेन सर ने हाथ से बनायी हुई बन्दूक़ दिखाई। चीफ़ ने ध्यान से देखा, फिर कन्धे पर रखा। दायीं आँख बन्द करी, बायीं आँख से बन्दूक़ की नली को देखा। कुछ बोलने ही वाले थे, सूर्य दा चिल्ला पड़े, "चीफ़, पहले मैं ट्राई करता हूँ।"

चीफ़ सूर्य की ओर पलटे। उसके चेहरे को देखा और बन्दूक़ थमा दी। सूर्य ने एक आँख बन्द करी। नोर्देन दूसरी तरफ़ पलटकर मुस्कुराया। नरेन सर ने निशाना दिखाया।

अब दबा घोड़ा ।

"ढ्याऊँ..."

"मर गया मैं तो..." सूर्य दा ज़मीन पर गिर पड़े। नरेन सर के होश फ़ाख़्ता हो गये। सब लड़के जमा हो गये।

नोर्देन ने डरते हुए कहा, "गोली तो आगे और पीछे, दोनों तरफ़ से निकल रही है न?"

"एक कान में सुनाई नहीं दे रहा है। मैं तो मर गया!" सूर्य धीरे–से उठे और चेहरा पोंछता हुआ बोले।

"क्यूँ भई कमांडर, ऐसे लड़ने वाले हो स्यारपी से?"

"ऐसा तो नहीं होना चाहिए था। गोली अपनी ही तरफ़ कैसे निकल पड़ी?" बड़ी मुश्किल से कमांडर की आवाज़ निक़ली।

अब?

अब फिर शुरू हो गया लोहे को पीटना।

मुट्ठी दान इकट्ठा करके जीएनडब्लूओ की महिलाएँ कैम्प लौट आयी थीं। शाम की धूप पल्ली पहाड़ी से अब लौटने लगी थी। लड़के अभी भी लोहा पीटने में लगे हुए थे।

राइफल

दार्जिलिंग ही तो वह जगह है जहाँ कड़ी धूप में हिमालय को देखकर शीतल हो सकते हैं। तीस्ता नदी को देखकर प्यास बुझा सकते हैं। आक्रोश बढ़ जाये तो फूलों की मुस्कान को देखकर थम सकते हैं।

इतना शान्त दार्जिलिंग अब जल रहा था। इससे बड़ी विपत्ति और क्या हो सकती थी?

दिन बेरंग हो गये थे। सुबह उठते ही लगता था कि "अब साँझ हो जाये"। साँझ होते ही लगता था "अब उजाला हो जाये"। लोग न अँधेरी रात में सुरक्षित थे, न उजाले दिन में ख़ुश थे। सब निराश थे। सबकी आँखों में त्रास के बादल छाए रहते थे।

हाँ, लोगों ने हँसना ही छोड़ दिया था। चेहरे पर मुस्कान की जगह त्रास ही छाया रहता था। आँखों में सपने नहीं, डर रहता था। रंगों से भरे विचार अब कुरूप बनने लगे थे। दार्जिलिंग कुछ और ही बन गया था।

इस शून्यता के बीच में ख़बर निक़ली, "लाछिरिङ्ग की साँठ–गाँठ तो सीपीएम के साथ है!"

"क्या?" यह तो अनहोनी हो गयी। पूरा कैम्प हिल गया। ख़ूब शोर मचा।

नासिम और नोर्देन ड्यूटी से वापस कैम्प लौट रहे थे। लाछिरिङ्ग को सभी ने घेर रखा था। सूर्य दा ने रौब दिखाना शुरू किया,

"इसकी सेटिंग तो किसी और के साथ थी। अभी कल ही तो पता चला मुझे।"

एरिया कमांडर शेर की तरह दहाड़े, "अब बहुत हुआ लाछिरिङ्ग। जल्दी बता, सीपीएम के साथ तेरी क्या बात हुई है?"

लाछिरिङ्ग ने लम्बी साँस भरी, "वह सीपीएम की वजह से नहीं, वह मेरा साथी है। जात भाई है। बस, इसीलिए मिला था उससे।"

"बात क्या हुई, यह बता", सूर्य दा ने एक लात दीवार में जड़ी। झोंक चढ़ने पर वह ऐसा ही करते हैं। या तो दीवार में लात या चिलाउने के पेड़ में मुक्का जड़ देते हैं।

लाछिरिङ्ग चूँ भी नहीं बोला। पूरा कमरा सन्नाटे से भरा था।

कमांडर थोड़ा नर्म बने, "तू हमारा पुराना साथी है। क्या बात हुई, इतना बता न? कुछ नहीं होगा।"

"बात सिर्फ़ नोमेनक्लेचर की है। चाहिए तो सभी को राज्य ही। दार्जिलिंग के नाम से ही माँग लेते तो क्या बिगड़ जाता? इस जगह का हर नाम लेप्चा भाषा से ही तो आता है। इतिहास लेप्चाओं के साथ ही जुड़ा हुआ है।" लाछिरिङ्ग काँपता हुआ बोल रहा था, "तिब्बती आये, लेप्चाओं की लिखी हुई कथाएँ मिटा दीं। भूटिया आये, लेप्चाओं के राजा को मार दिया। ब्रिटिश आये, लेप्चाओं की भाषा को मार दिया। अब आख़िर लेप्चाओं को कितना मरना पड़ेगा? बस, इतनी ही बात हुई है। मारना है तो मार दो मुझे, मैंने कुछ छुपाया नहीं है।"

एरिया कमांडर ज़मीन से उठे और सूर्य की ओर पलटकर बोले, "चीफ़ ने कहा है कि बिना कुछ किये इसे छोड़ देना।"

"एन.बी. के लड़कों के हाथ पड़ गये तो ख़त्म कर देंगे", सूर्य थोड़ा शान्त होते हुए बोले। उनकी यह बात अच्छी थी, पल में गरम, पल में ठण्डे।

एन.बी. के लड़के क्यों नहीं छोड़ेंगे?

अरे! आन्दोलन करने वालों के तो दो गुट बन चुके हैं। नासिम को आज यह बात समझ आयी। उसने इसके बारे में सोचा ही नहीं था। फुरफुरी छूट गयी उसकी।

दुश्मन के साथ की हुई लड़ाई तो ख़त्म हो भी जाती है। या तो जीतोगे या हारोगे। अपनों के साथ करी लड़ाई कैसे ख़त्म हो सकती है? न हारते बनता है न जीतते।

लाछिरिङ्ग को छोड़ने के तीन दिन बाद फ़ोर्स डबल बन गयी थी। बन्द की ख़बर और बढ़ने लगी। दार्जिलिंग में फिर गोलियाँ चलीं।

कालेबुङ्ग में स्यारपी की संख्या एकदम बढ़ गयी। बाज़ार में दिन–रात बूट बजते रहते थे। गाँव बस्तियों में आन्दोलनकारियों की गश्त लगती थी।

कैम्प में ड्यूटी करने वालों ने कोडवर्ड इस्तेमाल करने शुरू कर दिए थे, जो हर दिन बदलते थे।

रात गहराते ही नोर्देन कैम्प से निकला। रात के बारह बजे चीफ़ ने बैठक बुलायी थी, वह भी ऊपर क़ब्रिस्तान में। वहाँ बाँस की घनी झाड़ी थी। इसलिए आज दिन का कोडवर्ड 'बाँसझाड़ी' रखा गया था।

नोर्देन अकेले ही चल पड़ा। जहाँ–जहाँ ड्यूटी करने वाले कोडवर्ड माँगते, वह 'बाँसझाड़ी' कहता और चुपचाप चलता जाता।

चाँद चमक रहा था। दूर से ही लोगों को चलता हुआ देख सकते थे। नोर्देन के साथ चुपचाप चल रही थी उसकी परछाईं। वह भी अँधेरे में ग़ायब हो जाती थी।

पाँच जगह 'बाँसझाड़ी' बोलने के बाद बैठक वाली बाँसझाड़ी पहुँच पाये। चीफ़ पहले से आये हुए थे। उनके आसपास एक दर्ज़न लड़के ठंड से बेपरवाह बैठे हुए थे।

एक लम्बे कद के लड़के ने बात शुरू की, "अब हमें कुछ तो करना पड़ेगा। बस, पेड़ गिराकर काम नहीं चलेगा। स्यारपी धीरे–धीरे गाँव–गाँव में घुस रही है। ऊपर से शूट करने का ऑर्डर है।"

पास का एक छोटा लड़का उठा और बोला, "लड़ाई स्यारपी के साथ है। अब स्यारपी की ही राइफ़ल्स छीननी पड़ेंगी।"

क़साईबाड़े से बकरे चुराना आसान है क्या? फिर भी और कोई उपाय नहीं था। इसलिए चीफ़ उठे और तुरन्त बोले, "चलो बताओ, कौन–कौन राइफ़ल चुरा सकता है?"

नोर्देन ने थोड़ा सोचा फिर बोला, "मैं जाऊँगा। मुझे कुछ लड़के चाहिए होंगे।"

बात पक्की हो गयी।

उसी बाँसझाड़ी से नयी यात्रा शुरू हुई। नोर्देन आगे–आगे था। ग्रुप में बाज़ार के ढेरों लड़के थे। कमल और नासिम के साथ नोर्देन की बार–बार बात हो रही थी। कमल का ग्रुप दूसरा था। फिर भी उसे आज नोर्देन के साथ सुर मिलाना पड़ रहा था। सूर्य की ड्यूटी कैम्प में रहते हुए वे अलग हो गये थे।

हल्का उजाला होते–होते वे रौसे पहुँच चुके थे। नोर्देन को बोङ्गबस्ती जाने का मन नहीं हुआ हो, ऐसा नहीं था। पर क्या करें? चीफ़ के लिए पहले बन्दूक़ चुरानी थी। इसलिए दोस्तों के साथ थोड़े पल के लिए सो लिया। उठते–उठते आधी सुबह हो चली थी।

उठते ही वे फिर चलने लगे। "हाट बाज़ार में स्यारपी घूम रहे हैं", ख़ुशी की ख़बर मिली।

इससे अच्छा मौक़ा और क्या हो सकता था? वे सब सीधे हाट बाज़ार की ओर चले। स्यारपी के तीन लोग वहाँ सब्ज़ी ख़रीद रहे थे। लड़कों ने घेरा बना लिया।

ऊँचे कद वाला स्यारपी खड़े होकर तरबूज़ खा रहा था। नोर्देन ने उसकी ओर दिखाते हुए इशारा किया।

नासिम को गोद में दम तोड़ती रचेला का चेहरा याद आया। बस, अचानक लपककर लम्बे क़द वाले की राइफ़ल दबोची और खींच डाली। साले ने राइफ़ल तो यूनिफ़ॉर्म के फीते में फँसा रखी थी। बट तक नहीं निकल पाई!

लम्बू स्यारपी चौंक गया। उसका तरबूज ज़मीन पर गिर गया। वह चिल्लाया और लपककर नासिम की जैकेट का कॉलर धर लिया।

नासिम ने जैकेट झट उतार फेंकी, तब जाकर कहीं भाग पाया।

आस–पास बहुत से स्यारपी थे। लम्बू को बचाने के लिए वे भागे चले आये।

पल्ली तरफ़ खड़े कमल ने झट–से खुकुरी निकाली और कूद कर स्यारपी के गले पर वार किया। दूसरे स्यारपी ने लम्बू को धकेल दिया। धकेलने से लम्बू को थोड़ा झुकना पड़ा। खुकुरी उसके गले पर नहीं माथे पर लगी।

ख़ून की झड़ी बह गयी।

स्यारपी ने चिल्लाना शुरू कर दिया। लड़के चारों तरफ़ दौड़े और दो घण्टे बाद रौसे में एकत्रित हुए।

नोर्देन की आँखों में एक ही दुःख था। साला, वह राइफ़ल नहीं खींच पाया।

इसी दुःख ने उसे सोने नहीं दिया। लड़कों ने उस रात माँ क़सम खाई, "अब मर भी गये तो राइफ़ल लूटने नहीं जायेंगे।"

***

अगले दिन।

लड़कों ने पहाड़ी तीतर मारा था, भूनकर खा रहे थे। आधा दिन बीता भी नहीं था, दारू आ पहुँची।

केतली फिर वैसे ही घूमने लगी जैसे कैम्प में घूमती थी। दो केतली ख़त्म होते ही नोर्देन ने पूछा, "कौन–कौन मेरे साथ चल रहा है राइफ़ल छीनने?"

नासिम ने केतली के मुँह में अपना मुँह जोड़ दिया। दो मिनट आँखें बन्द करीं और बोला, "तेरे लिए जान हाज़िर है। और कोई न भी गया तो मैं तो जाऊँगा ही।"

"क्या बोलते हो? सब चलेंगे न?" कमल ने खुकुरी कमर पर बाँध ली। "सुरेश और रवीन, तुम मत जाना। ख़ाली दारू ढूँढ़ते रहना। मादरचोदों, भाग भी नहीं पाओगे!"

"आज ग्यारह माइल चलते हैं, वहाँ स्यारपी कम होते हैं।" नासिम ने दिमाग़ लगाया।

चटक धूप खिली थी। दारू से आँखें धुँधली हो रही थीं। लड़कों की दूसरी यात्रा शुरू हुई।

सच में ग्यारह माइल में स्यारपी कम ही थे। बस, तीन लोग ही घूम रहे थे। वे कोने की दुकान में हँसते हुए पान बनवा रहे थे।

सामने तोंद वाला स्यारपी था। दुकान की ओर हँसते हुआ मुड़ा और पान में कत्था लगाने को कहा। उसके हाथ में राइफ़ल थी। राइफ़ल की नली आसमान की तरफ़ थी, बट ज़मीन पर रखी थी।

इससे अच्छा मौक़ा और क्या होता?

नोर्देन ने इशारा किया। लड़कों ने चारों ओर घेरा बना दिया।

तोन्दु स्यारपी पान मुँह में डालने ही लगा था, नोर्देन कूदकर सामने आ गया। राइफ़ल की नली पकड़ी और ज़ोर का झटका लगाया।

बाप रे! सकपकाया हुआ सीआरपीएफ जवान तो बकरे के मेमने की तरह मिमियाने लगा।

सीआरपी के मुँह से पान गिर गया। हाथ से राइफ़ल की नली फिसल गयी। दोनों कान हाथ से दबाये, चिंचिंआया और धप्प–से ज़मीन पर बैठ गया।

नोर्देन राइफ़ल लेकर सीधे नीचे कूद गया। लड़के उसके पीछे–पीछे भाग लिए।

आज तो काम बन गया।

डेढ़ घण्टे बाद लड़के पुदुङ्ग में जमा हुए। वहाँ तो रंगारंग कार्यक्रम शुरू हो गया। नोर्देन को फूलों की माला पहनायी गयी। वह राइफ़ल लूटने वाला पहला आन्दोलनकारी जो था।

पर उन सबको कैम्प जल्दी पहुँचना था। चीफ़ को राइफ़ल देनी थी। फूलमाला वहीं छोड़कर वे सीधे ढलान पर दौड़ पड़े।

उस समय नासिम हाँफते हुए पहुँचा।

लम्बी साँस भरी, छाती पर हाथ रखकर बोला, "गोलाई की पल्ली तरफ़ तो स्यारपी का पूरा कैम्प ही है। हम क़िस्मत से ही बच गये आज।"

आधा दिन बीत चुका था। दारू का असर अब साथ छोड़ चुका था। नोर्देन मुस्कुराया और मन में दोहराया, "सच, यह बात तो मैंने सोची ही नहीं!"

शोर तो हवा से भी तेज़ बहता है। नोर्देन के पहुँचने से पहले ही ख़बर कैम्प पहुँच चुकी थी। वहाँ स्वागत की अलग तैयारियाँ शुरू हो चुकी थीं।

शाम ढलते–ढलते लड़के कैम्प पहुँच पाये।

चीफ़ कैम्प में नहीं थे। एरिया कमांडर ने नोर्देन को फूलमाला पहनाई, कन्धे थपथपाये और बोले, "असली लड़ाई तो अब शुरू होगी।"

सूर्य दा पहले से ही आँखें फाड़कर देख रहे थे। उनकी आँखें नोर्देन से टकरायीं। वो मुस्कुराये और बोले, "राइफ़ल पहले मैं ही चलाऊँगा। अब स्यारपी को ख़देड़े बिना तेरा सूर्य दा लौटेगा नहीं। समझा क्या?"

तोप

"ये कम्युनिस्ट मुँह ही चलाते हैं बस, काम कुछ नहीं करते। इनकी पार्टी ने सिर्फ़ आलसी लोग ही पैदा किये हैं। अब इन आलसियों की फ़ैक्टरी ही बन्द करनी पड़ेगी।" चीफ़ ने सिर घुमाया, पीक थूकी और आँखें छोटी कर लीं।

खैनी का छींटा उड़ता हुआ नोर्देन के चेहरे पर आया। अपनी बाजू से उसने माथा पोंछा और चीफ़ की तरफ़ फिर देखने लगा।

उन्होंने ऑर्डर दिया, "ये कम्युनिस्ट फिर सिर उठा रहे हैं, समझ रहा है? तू लड़कों को लेकर मनसोंग जा। उनकी खटिया खड़ी करके रौसे पहुँचना। अब से पुराने कैम्प में ही रहेंगे सब लड़के। बात आ गयी समझ में?"

चाय बागानों में कम्युनिस्ट ज़्यादा सक्रिय थे। गोरूबथान में कई घर जल चुके थे। दार्जिलिंग में उत्पात कम नहीं हुआ था। यह लड़ाई लाल कम्युनिस्ट और हरे गोरामुमो के बीच में ही चल रही थी।

अचानक आन्दोलन को देश–विरोधी क़रार दे दिया गया। इस वजह से लड़ाई का लक्ष्य बदल रहा था। इस समय लड़ाई 50 बटालियन सीआरपीएफ के विरुद्ध चल रही थी। सीआरपीएफ का रौब बढ़ने ही लगा था कि चाय बाग़ान के कम्युनिस्ट एरिया में गोली चली और लोग मरने लगे।

लम्बे समय से राजू सर ग़ायब थे। वह गोरूबथान गये हुए थे कम्युनिस्टों को सबक सिखाने। कैम्प में क़दम रखते ही उन्होंने बताया,

"सीआरपीएफ को ख़बर देने वाले कम्युनिस्ट ही हैं। ये कान में बाली पहनने वाले सीआरपीएफ जैसे नहीं लगते, ये कम्युनिस्ट ही हैं। हमारे लोगों को दुःख देने वालों को अब छोड़ना नहीं है। लड़को समझे?"

जैसा चीफ़ का हुक्म था, नोर्देन बीच रात में मनसोंग के लिए रवाना हो गया, लूटी हुई राइफ़ल के साथ।

क्या तपिश थी नोर्देन की आग की!

या अल्लाह! वह मनसोंग पहुँचा तो ग़दर ही काट दिया। सीपीएम के लड़के फटाफट कैम्प जॉइन करने लगे। चीफ़ के प्यारे बनने लगे।

एक हफ़्ते बाद नोर्देन रौसे कैम्प लौट आया।

कैम्प लोगों से अटा हुआ था।

लोग शिकायतें लेकर आते थे, राहत लेकर जाते थे।

नोर्देन कैम्प में घुस ही रहा था कि चीफ़ बिदक गये। भीड़ तितर–बितर हो गयी।

चीफ़ ने आँखे छोटी कीं, दीवार से लाठी उठायी और चिल्लाये, "मुझे किसलिए ढूँढ़ रहा था? साले, सूअर के बच्चो? यह पैसा मेरे लिए क्यों लाया है?"

सामने एक मारवाड़ी शख़्स खड़ा था। उसकी आँखें धुँधला रही थीं। दोनों हाथ जोड़े और बोला, "नहीं–नहीं, यह आन्दोलन में मदद देने को लाया था"

चीफ़ चिल्लाये, "भगाओ इसे।"

मारवाड़ी सूटकेस उठाकर भाग गया। भीड़ में सब देखते ही रह गये।

चीफ़ कुछ निराश दिख रहे थे। कैम्प में बस लोगों के मरने की ख़बरें ही आ रही थीं। सीआरपीएफ का कैम्प पास में ही आ गया था। अब रात को ड्यूटी करने वालों के लिए कोई आराम नहीं था।

चीफ़ रात को चुपचाप कहीं चले जाते थे। जंगल में अकेले जाते थे। कहाँ सोते थे, किसी को सुराग भी नहीं मिला था। लड़कों को उनकी चिन्ता सता रही थी।

नोर्देन को देखते ही चीफ़ ने आँखें बड़ी कीं, उसे पास बुलाकर कहा, "रात को बारह बजे मिलना सिंदेबुङ्ग की पहाड़ी के क़ब्रिस्तान में।"

नोर्देन की आँखों से नींद ग़ायब हो गयी। भूख लगी थी, सो रसोई में गया। आज क़साईबाड़े वालों ने बैल का मीट लाकर दिया था। लम्बे समय बाद उसे भात और मीट खाने को मिला।

खाना खाने के बाद नोर्देन कुछ पल सुस्ताया। रिपपन्दी के घर में बत्ती जल रही थी। एक पल देखता रहा। फिर गहरी साँस ली।

इन्सान की गहरी साँस ही वह सुरक्षित जगह है जहाँ खोयी हुई सब बातें कुछ पल के लिए मिल जाती हैं।

नोर्देन ने भी ऐसा ही किया। गहरी साँस में कुछ पल रिपपन्दी के साथ बिताए, फिर अपने रास्ते चल दिया।

रास्ता जंगल के बीच से जाता था। सीआरपीएफ का भय उतना नहीं था क्योंकि सीआरपीएफ वाले ख़ुद ही रात में डरते थे। अगर लड़के अँधेरे में ख़ाकी वर्दी में किसी को भी देखते, वहीं छुरी की 'स्याक' आवाज़ आती थी।

जंगल में असली डर अपने ही लड़कों से ज़्यादा होता था।

नोर्देन के साथ दो लोग और थे।

वे आधी रात में क़ब्रिस्तान पहुँचे। कुछ देर में चीफ़ भी आ गये।

चीफ़ के साथ राजू सर थे। सूर्य दा को भी बुलाया था। दूसरा लम्बा और पतला लड़का था विजय छेत्री। वह चीफ़ का नया एडवाइज़र था।

विजय को पहली बार देखते ही नोर्देन ने पूछा था, "इतना पतला लड़का ऐडवाइज़र कैसे बन गया? ऐसा सलाहकार हमें लगा पायेगा पार?"

चीफ़ बिगड़ गये थे, "क्या हमारे दिमाग़ की छेत्री ब्राह्मणों के दिमाग़ से तुलना कर सकते हैं? हम लिम्बुओं को तो पैदा होने के साथ ही देसी पीने की आदत डाल देते हैं। रगों में माँ के दूध से ज़्यादा तो देसी दौड़ती है। और यह छेत्री ब्राह्मण दारू न पीने वाली जात हैं। जिनकी पुश्तों ने दारू न छुई हो उनसे हमारे दिमाग़ का क्या मुक़ाबला?"

नोर्देन एकदम चुप रह गया था।

उस समय राजू सर ने अन्तिम शब्द जोड़ दिये थे, "दर्ज़नों लोगों को पनाह देने वाले घर की सुरक्षा करने वाला ताला एक हथेली में समा जाता है। ऐसे समझो, काम में कोई भी छोटा–बड़ा नहीं होता।"

उसी दुबले एडवाइज़र ने सभा शुरू की। पास में कोयल कूक रही थी। सुनसान रात में चीफ़ ने पूछा, "सुनो विजय, तोप तो तैयार है न?"

"तोप?" लड़कों का जोश तो आसमान छूने लगा।

"यस, चीफ़। बिल्कुल तैयार है। नासिम और लड़के लेकर आ रहे हैं। ख़ाकी के आते ही दाग़ देंगे। इतवार को यह ख़ाकी वाले इधर की तरफ़ आते हैं। इनको ऐसा सबक सिखायेंगे कि रौसे का नाम सुनते ही सालों की हवा निकल जाये।"

नोर्देन की आवाज़ बुलन्द हुई, "कहाँ करेंगे हम अटैक?"

चीफ़ ने मूँछों पर बल देते हुए कुछ देर सोचा, "रौसे के लोगों को कह देना कि इतवार को घर में न रहें। जोरधारा के नीचे करेंगे अटैक।"

मशवरा पूरा हुआ।

जो जिस–जिस रास्ते आया था, उसी उस रास्ते लौट गया।

दो घण्टे बाद की बात है।

सुनसान में मशवरे में शामिल दो लोगों को पुलिस ने धर लिया। ले जाकर पूछताछ शुरू कर दी।

लड़कों ने मुँह खोल दिया तो? अब तो प्लान चौपट होता दिख रहा था।

नोर्देन का सिर गरमाने लगा। केतली में बची दारू गटकायी और एडवाइज़र की ओर मुड़ते हुए पूछा, "राइफ़ल ले जाता हूँ। साले स्यारपी को रात को ही उड़ा दूँ?"

थोड़ा अनकनाने के बाद एडवाइज़र ने कहा, "पेट्रोल बम तैयार है, दूँ?"

वाह! चाहिए था पत्थर, मिल गयी ईंट। नोर्देन का जोश उफ़ान पर आ गया।

पेट्रोल बम छोटा था, हाथ में फ़िट होने लायक़। बोरे से ढक कर रखा गया था। थोड़ी बत्ती निक़ली हुई थी। बस, उसमें आग दिखाकर फेंकना ही तो था।

एडवाइज़र ने सिखा दिया। लड़के ग्यारह माइल की तरफ़ चल पड़े। रास्ते के ऊपर झाड़ी थी। वे उसके पीछे छिप गये और बत्ती तैयार रखके गाड़ी के आने का इन्तज़ार करने लगे।

धत्त! पहले तो फ़ौजी की गाड़ी आ गयी।

"इसको नहीं। फ़ौजी ने कुछ नहीं किया है। स्यारपी को आने दो।" नोर्देन ने धीरे–से कहा।

फ़ौजी की गाड़ी अपने रास्ते चली गयी।

आधे घण्टे बाद दूसरी गाड़ी आयी। पहुँचते–पहुँचते रुक गयी। वह तो एफसीआई की गाड़ी थी।

लड़कों ने फिर सिर छिपा लिए।

गाड़ी को रुके हुए दस मिनट ही हुए थे कि किसी ने पीछे से हल्की आवाज़ दी। लड़के चौंककर उठ गये।

सामने एक दाढ़ी वाला आदमी खड़ा था।

सब लपके और उसे घेर लिया। नोर्देन ने हाथ के पेट्रोल बम दिखाये भर थे, दड़ियल ने हाथ खड़े कर दिये और बोला, "मैं छविलाल शर्मा, ऊपर वाले कैम्प से।"

फिर उसने धीरे–धीरे समझाना शुरू किया, "यहाँ नहीं। सीएसटी में फोड़ना, वहाँ कागे कैम्प से भी लोग आये हैं। वहाँ बड़े वाले बम हैं। मीट और भात भी पकाया है वहाँ लड़कों के लिए। चलो, वहीं चलें।"

"अबे बहनचोद, हमें सिखायेगा?" सूर्य कब से माचिस जलाने के लिए तैयार थे। उस आदमी ने फिर दूसरे कैम्प में जाने वाली बात दोहरायी।

सूर्य किसी की सुनने वालों में से थे? छविलाल ने सिर झुकाया और ज़मीन पर पेट के बल रेंगना शुरू कर दिया।

ठीक उसी समय सीआरपीएफ की तीन गाड़ियाँ आयीं।

एफ.सी.आई. की गाड़ी रास्ते में थी। सीआरपीएफ की गाड़ियों को वहीं रुकना पड़ा।

"इसकी माँ की! इस साली एफ.सी.आई. की गाड़ी को भी आज मरना है क्या?" सूर्य ने धीरे–से कहा और माचिस सुलगायी।

नोर्देन ने बिजली की गति से बम फेंक दिया। एक पल के लिए पूरा संसार ही उजाले से भर गया।

साला यह बम उजाले के लिया फेंका था क्या?

कोई भी बम नहीं फूटा। सीआरपीएफ वाले गाड़ियों से उतरे। पोज़ लेकर गोलियाँ बरसाना शुरू कर दिया।

लड़के ज़मीन पर रेंगने लगे। छविलाल का सुझाव ही ठीक था। सब सीएसटी की तरफ़ रेंगने लगे।

शोर बढ़ गया। थोड़ी दूर एक झोंपड़ी थी। घर में बत्ती जल रही थी। घर का ही कोई आदमी बत्ती लेकर बाहर निकला।

बम के छर्रे देखकर सीआरपीएफ ढिबरी से भी डरने लगे। उस आदमी के हाथ में ढिबरी ही थी, सीआरपीएफ को पेट्रोल बम दिखा। वे लड़कों को भूलकर दौड़े उस आदमी के पीछे गोलियाँ दागते हुए।

ज़ोर की चीख सुनाई दी। बत्ती बुझ गयी।

नोर्देन और सूर्य का समूह ऊपर पहुँच चुका था।

आदमी मर गया, पर उसके लिए क्या वह लौटकर जाने वाले थे? वहीं से रेंगते हुए आगे बढ़ गये। पूरे आधे घण्टे बाद सीएसटी के पास पहुँचे।

अरे, वहाँ तो कोई भी नहीं था।

"कहाँ हैं सब लड़के?" नोर्देन ने पलटते हुए छविलाल से पूछा।

अजीब बेतुकी बात हो गयी। छविलाल की तो परछाईं भी नहीं थी वहाँ। वह तो भाग गया था अपने घर।

"थू! साले इस गाँडू को तो बस साथ चाहिए था घर पहुँचने के लिए।" कोहनी की धूल झाड़ते हुए सूर्य बोले, "हमें फ़िज़ूल में इतना घिसटवाया। यह दोबारा मिल जाये, बस। पहले मैं ही ठोकूँगा इसे।"

***

अगले दिन।

रात में पकड़े गये लड़कों को पुलिस ने छोड़ दिया।

दो–चार डण्डे मारे पुलिस ने, लड़के कहाँ टूटने वाले थे? शाम के प्लान के बारे में एक शब्द भी नहीं बोला।

चीफ़ को तसल्ली हो गयी ।

नासिम की टोली तोप लेकर रौसे आ गयी।

बाप रे बाप! इन्हें बिजली का खम्भा कहाँ से मिल गया? उसी से तोप बनायी है।

एडवाइज़र बोले, "इसमे कीलें हैं, कंचे हैं, बारूद और बालू भी है। सब डाला है।" एरिया कमांडर वही नरेन सर थे। कायल हो गये।

मूँछों पर बल देते हुए चीफ़ बोले, "शाम को दागेंगे। अब पता चलेगा उन सूअर की औलादों को कि हमारे पास तोप भी है।"

लड़के तोप को निहारने लगे। दूसरे समूह के लड़के देसी जांड लेकर आ गये।

केतली ने फिर वैसे ही घूमना शुरू किया।

सूर्य दा फिर गरमा गये, "मैं दागूँगा। ठीक, नासिम?"

नासिम हल्का मुस्कुराया और बोला, "पहले पहुँच जाते हैं वहाँ।"

शाम हो चली थी। धूप पहाड़ी के पीछे छिपने लगी थी। लड़के चढ़ाई पर रवाना हो गये। ऊपर पहुँचकर पेड़ के साथ टिकाकर तोप रखी गयी।

"ठीक है, यहाँ से उन्हें देख सकेंगे।" चीफ़ योजना समझाने लगे, "ज़ोरधारा के पास से पुलिस की गाड़ी निकलेगी। उस गाड़ी के धारा से नीचे पहुँचने तक हमें तैयार रहना होगा। इस चिलाउने के पेड़ के पास पहली गाड़ी पहुँचते ही दाग़ना होगा। बीच की गाड़ी को ख़ास ठोकना है। समझ गये?"

सूर्य दा ने तोप को सहलाया और नोर्देन की तरफ़ पलटकर आँखें टिमटिमा दीं।

नासिम, नोर्देन और सूर्य वहीं रहे। औरों ने अपनी–अपनी पोज़ीशन ले लीं।

एक घण्टा बीत गया। कहाँ आयी गाड़ी?

लगता है, आज नहीं आयेंगी गाडियाँ। चीफ़ आस छोड़ने ही लगे थे। ठीक उसी समय कोने से दिखी आती हुई पुलिस की गाड़ी।

उधर से पहली गाड़ी धारा के नीचे पहुँची, सूर्य ने तोप कन्धे पर लाद ली। गाड़ी चिलाउने के पेड़ के पास पहुँची ही थी कि धमाके की आवाज़ सुनायी दी।

या खुदा! सोचा नहीं था, इस बार तो तोप सच में चली। पूरे जंगल में धुआँ भर गया। पुलिस की एक गाड़ी दीवार में जा टकरायी। ज़मीन पर बड़ा गड्ढा हो गया।

गाड़ी में सीआरपी भरे हुए थे। वे चीख़ते हुए गाड़ी से कूदने लगे।

चीफ़ ने इशारा किया, "लड़कों, भाग निकलो। काम पूरा हुआ।"

लड़के चारों दिशाओं में भागे। पुलिस पहले से ही सकपकायी हुई थी। तोप की आवाज़ से तो उनके होश ही गुम हो गये थे। ख़ाकी वाली पुलिस भी चारों तरफ़ भागने लगी।

सूर्य दा दौड़ते हुए सीधे नीचे आये। उनका चेहरा सलेटी हो रहा था, तोप के धुएँ की वजह से। नासिम उनके पीछे–पीछे दौड़ रहा था। अब नयी मुसीबत खड़ी हो गयी।

साला! सीधे पुलिस से टकरा गये।

"अब नहीं बचेंगे" नासिम की पुतलियाँ पलटने लगीं।

पैर आगे नहीं बढ़ रहे थे, आँखों पर काले बादल छाने लगे थे। खुशक़िस्मत सूर्य के कानों में एक मीठी आवाज़ सुनाई दी।

सामने खड़ी पुलिस का हाल तो उनसे भी बुरा था। पुलिस ने जल्दी से हाथ उठाया और बोला, "तुम लोग नीचे भागो, हम ऊपर जायेंगे। समझा करो, यार!"

यह तो कमाल हो गया! नासिम ने ख़ुद को दुनिया का सबसे ख़ुशनसीब इन्सान महसूस किया और दौड़ा कैम्प की ओर।

ख़ाकी वाले भागे ऊपर की ओर।

सबकी क़िस्मत अच्छी थी, किसी को कुछ नहीं हुआ। सुबह–सुबह लड़के तोप ढूँढ़ने जंगल गये। लोहे के टुकड़े लेकर लौटे। शाम को आकाशवाणी खोलकर बैठ गये, "कालेबुङ्ग में पुलिस पर हमला। तोप से एमबुश करने की कोशिश।"

कोई मरे या न मरे, बस इतना ही चाहिये था। सपना पूरा हुआ।

लड़के ख़ुशी से झूमने लगे।

उसी समय अँधेरा मुँह लेकर आये सूर्य दा। धीरे–से बोले, "लड़कों, देखो तो, मेरा तो बायाँ कान ही जल गया लगता है!"

अक्षर की गोली

आकाश में उड़ने की सोच रखने वाले वैज्ञानिक पहली बार अपनी ही छत से गिर गये थे। फिर भी उन्होंने हवा में उड़ने के सपने को मरने नहीं दिया। तब ही जाकर तो संसार में हवाई जहाज़ बना।

जो भी कहिये, जीवन में ठोकर खाने वाले ही इतिहास रचते हैं।

नोर्देन और दोस्तों का सपना भी तो ऐसा ही था। इसलिए ही तो बार–बार पटक खा रहे थे। बार–बार अपनी ही छत से गिर रहे थे। फिर भी एक सपना था जो उन्हें फिर से उठा देता था, चलाने लगता था।

"कल रात पाँच घरों को जला दिया। जिस भी घर में लोग नहीं मिलते, उसे जला देते हैं ये।" सूर्य ने विक्षिप्त स्वर में सुबह–सुबह नोर्देन को बताया, "अब जिसे भी देखेंगे, सीधे शूट करेंगे कह रहे हैं। अब तो ख़तरा बहुत बढ़ गया है। पुलिस ने उस प्रेस का भी पता लगा लिया है जहाँ 'सन्धि' छपी थी। कह रहे हैं, वह भी आज जलायी जायेगी!"

'सन्धि' छपने वाली प्रेस?

नोर्देन ने आँखें भींच लीं, उसके कान गरम होने लगे। दिमाग़ में अचानक रिपपन्दी की आवाज़ सुनाई देने लगी। यह वही प्रेस तो थी जहाँ वह रिपपन्दी से पहली बार मिला था।

नासिम के साथ पोस्टर चिपकाने से एक हफ़्ते पहले की बात है। राजू सर ने पहली बार उसे प्रेस भेजा था।

भारत–नेपाल सन्धि जलाने का ऐलान हुआ था। जलाने से पहले उसे छपवाना था। इसी के लिए नोर्देन प्रेस पहुँचा था।

"धारा 7 को जलाना है।" ऊपर से ऑर्डर आये थे।

ऐसा था क्या धारा 7 में? इससे उसे कोई सरोकार नहीं था। इसके बारे में उसने कुछ नहीं सोचा। वह इसे पढ़ने के लिए नहीं जलाने के लिए छपवा रहा था।

'सन्धि' छपवाते–छपवाते ही उसके और रिपपन्दी के मन के बीच सन्धि बन गयी।

रिपपन्दी वहीं काम करती थी। जब देखो, वह बैठी पुराने टाइपराइटर में अक्षर ठोकती रहती थी। नोर्देन उसे देखता था। देखता ही रह जाता था।

"किसी से अमर प्रेम करना हो तो मन–ही–मन में करो। छू न पाने का सपना और बोल न पाने का प्रेम कभी नहीं मरते।"

बहुत साल पहले कहीं सुने हुए इसी वाक्य ने उसे एक हफ़्ते रोककर रखा था। वह रिपपन्दी से सच में अमर प्रेम करना चाहता था। पर करे क्या? हफ़्ते भर बाद ख़ुद को सँभाल न सका।

प्रेम पंखों वाला पंछी है। कब फुर्र उड़ जाये, पता नहीं चलता।

ऐसा ही तो हुआ न। नोर्देन के प्रेम में अचानक पंख उग आये। उड़कर वह प्रेम उसके होंठों तक आ गया। उसके बाद ही तो एक दिन काँपते पैर लेकर उसने रिपपन्दी से कहा था, "मैं तुमसे शादी करना चाहता हूँ।"

उस दिन रिपपन्दी शर्म से लाल हो गयी थी। टाइपराइटर पर ज़ोर–ज़ोर–से उँगलियाँ चलाने लगी थी। आज उसकी नज़र में सभी अक्षर लाल हो गये थे।

और क्या चाहिये था?

कभी के पढ़े हुए अक्षर आज काम आये नोर्देन के। उसने उँगली में छुरी से हल्का चीरा लगाया और ख़ून से कॉपी में लिख दिया, "एन प्लस आर"।

उस दिन नोर्देन को समझ आया कि अक्षर की ताक़त कितनी होती है।

लिखने के बाद उसके मन को आराम मिला, काफ़ी आराम।

उसने उन प्रिय अक्षरों को झोले में डाला और तीन दिन चलकर चौथे दिन रिपपन्दी के टाइपराइटर के नीचे सरका दिये।

इसके कई दिनों बाद वहाँ पुरानी 'सन्धि' जलने लगी और यहाँ नयी 'सन्धि' बनने लगी। नोर्देन और रिपपन्दी के नाम के पहले अक्षर की कथा लिखी गयी।

हे भगवान! आज वही प्रेस धू–धू हो रही थी।

प्रेस का जलना प्रेम के जलने जैसा ही था। नोर्देन का चेहरा दुःख के बादल से ढक गया। रिपपन्दी कहाँ होगी? उसके दिमाग़ में एक दूसरी आग धधकने लगी।

"रिपपन्दी से मिले हुए आज पूरे आठ महीने हो गये हैं। आज ज़रूर मिलूँगा। चाहे यह आख़िरी बार ही क्यों न हो। मरना है तो मिलकर ही मरूँगा।" नोर्देन भावुक हो उठा था।

"प्रेस का सामान तो उठाना पड़ेगा न", सूर्य को देखते हुए नोर्देन ने धीरे–से कहा, "दिन में तो नहीं जा सकते। शाम को ख़ाकी वालों से पहले हमें पहुँच जाना चाहिए।"

सूर्य दा कुछ समझे नहीं, पर फिर भी 'हाँ' में सिर हिला दिया। उनके चेहरे पर हल्का बादल छा गया था। यह बादल आग के डर से उठा था। तपन के डर से उठा था। ख़ाकी के डर से उठा था।

दिन ऐसे ही बीत गया।

कैम्प में लोगों का आना–जाना लगा ही हुआ था। लड़के प्रिमताम रोड की तरफ़ जाने को तैयार हो गये। वहीं थी प्रेस।

नोर्देन के मन में उत्साह था। थोड़ा भावविभोर भी था। वह इस समय कुछ हिम्मती भी हो रहा था और कुछ डरपोक भी!

नासिम के चेहरे पर मुस्कान थी। उसकी आँखें चमक रही थीं। उसके मन में कितने दिनों के बाद घर की याद उमड़ी थी। वह बोला, "आओ चलें, मेरे घर भी जाते हैं। तुम सब भी देख लो मेरा घर।"

सड़क पर सीआरपीएफ की गश्त चल रही थी। सारा इलाक़ा सुनसान था। जो भी घर दिखते थे, वे सुनसान होते थे। ऐसा लगता था कि वे घर न होकर ईंट, बालू और सीमेंट के ढेर मात्र हों।

काफ़ी दिनों बात आज उनका बाज़ार के रास्ते पर चलना हुआ था। वे पहले नोर्देन के घर पहुँचे। दीवार पर बनाये चित्र मिट चुके थे। बस, गणेश भगवान की सूँड ही बची थी, पूर्व की दिशा में मुड़ी हुई।

नोर्देन ने घर की ओर देखा। वहाँ एक दादी पानी भर रही थीं। उन्होंने उसे देखते ही इशारे से बुलाया।

नोर्देन को कोने में ले जाते हुए दादी बोलीं, "आज भी स्यारपी आयी थी। तुम्हारे और राजू सर के बारे में पूछ रहे थे।" फिर अपने आस–पास देखा और कहा, "यहाँ कोई भी मर्द नहीं बचे हैं। तुम सब भी भाग लो। साले कुत्ते फिर शूट कर देंगे तुम्हें देख लिया तो।"

नासिम का दिल मुँह को आने लगा। सूर्य का चेहरा पीला पड़ गया। नोर्देन ने लम्बी साँस भरी और गली से जाने वाले पुराने रास्ते की ओर उँगली से इशारा किया।

तीनों भाई चल पड़े और थोड़ा ऊपर पहाड़ी पर पहुँचे। नासिम ने मन में अल्लाह का नाम लिया और घर की ओर देखा।

अरे, ये क्या देख रहा था वह?

वहाँ तो घर ही नहीं था। बस, बुझती हुई आग का धुआँ ही उठ रहा था। घर तो पिछली रात को ही ख़ाक हो गया था।

नासिम के चेहरे पर धुआँ छा गया, उसकी आँखों में पानी भर आया। सूर्य ने नासिम के कन्धे पर हाथ रखा और लम्बी आह भरी।

नोर्देन चुप खड़ा रहा।

घर जलने का अर्थ लकड़ी जलना नहीं, गिट्टी और मिट्टी जलना नहीं। इसका अर्थ है, संसार का जल जाना। भरोसे का जल जाना। विश्वास का जल जाना। सपनों का जल जाना। सम्भावना का जल जाना। ख़ुद का जल जाना।

सच! आज तो नासिम का संसार जल रहा था।

"हाय, मेरा घर मेरे ही कारण जला है", नासिम घुटनों के बल बैठ गया। पश्चिम की ओर देखा और मन में दुआ की, "मेरे अब्बा और अम्मा की रक्षा कीजियेगा।"

वह धीरे–धीरे उठा और बोला, "आओ चलें, प्रेस को तो बचा लें।"

नोर्देन स्तब्ध था, आज नासिम अलग ही दिख रहा था।

उन्होंने प्रेस की तरफ़ बढ़ना शुरू ही किया था कि किसी ने बिजली का पोल बजाया। यह इशारा सीआरपीएफ के आने की सूचना थी। तीनों असमंजस में पड़ गये। एक तरफ़ से आवाज़ आयी, सबने उसी तरफ़ देखा। वहाँ राजू सर खड़े हुए थे।

नोर्देन हक्का–बक्का देख रहा था। राजू सर धीरे–से पास आये। इन्होंने उन्हें इतना हताश कभी नहीं देखा था।

राजू सर बिना कुछ बोले सीधे उनके पास आ गये। नोर्देन के कन्धे पर हाथ रखते हुए बोले, "तुम प्रेस की तरफ़ मत जाना। मैंने लड़कों को वहाँ भेज दिया है। तुम सबको सीआरपीएफ ने देख लिया है।"

राजू सर एक पल के लिए जहाँ खड़े थे, वहीं रह गये। ख़ुद को नहीं रोक पाये, रोने लगे। फुक्का फाड़कर रोते हुए बोले, "हमारा घर जल रहा है, नोर्देन। सब झुलस गया है। अब कुछ नहीं बचा अपना।"

नोर्देन का मुँह खुला का खुला ही रह गया। उसके पास बोलने के लिए न शब्द बचे थे, न देने के लिए सुझाव।

"क्या?" काफ़ी समय बाद नोर्देन की आवाज़ निकल पायी।

उसके पैर अभी भी काँप ही रहे थे। आँखें किसकिसा रही थीं।

वे सब थोड़ी देर चुपचाप ढलान पर उतरते रहे। उसके बाद सीधे कैम्प की तरफ़ चल पड़े।

कैम्प में पहुँचने के आधे घण्टे बाद लड़के ख़बर लाये, "वो प्रेस भी आज जल गयी।"

आज नोर्देन दूसरी बार रोया। यही होंठ जो हमेशा मुस्कुराते रहते थे, आज काँप रहे थे।

एक लड़का बोला, "एक दर्ज़न टाइपराइटर बचा पाये। उन्हें ले आये हैं।"

कम–से–कम लड़कों ने इतना तो कर दिया। यह सुनकर नोर्देन को थोड़ी तसल्ली हुई। उसने स्वेटर की बाजू से अपनी आँखें पोंछी।

"रिपपन्दी का टाइपराइटर तो मैं ही रखूँगा।" उसने मन–ही–मन दोहराया।

उसी पुराने टाइपराइटर में ही तो रिपपन्दी हर रोज उँगलियाँ ठोकती रहती थी। कम–से–कम वो तो नहीं जला। बस, नोर्देन के लिए यही तो एक ख़बर थी ख़ुशी की आज।

उसने बहते हुए आँसू रोके। चेहरे से ग़ायब हुई मुस्कान को ढूँढ़ने की कोशिश की। नॉर्मल होने का ढोंग करता हुआ सीधे कैम्प में गया, "कहाँ हैं प्रेस के टाइपराइटर?"

एक ठिगना–सा मुच्छड़ लड़का बोला, "नासिम ले गया है। नरेन सर के कमरे में होगा।"

वह सीधा उधर ही भागा।

उसका सिर चकराने लगा, "रिपपन्दी को तो कुछ नहीं हुआ होगा?"

बहुत दिनों के बाद आज वह प्रेमी बनकर सोच रहा था, "क्या रिपपन्दी का हर एक सपना भी जल गया होगा आज?" काँपते पैरों से नरेन सर के कमरे में सीधा घुस गया।

नोर्देन का चेहरा एकदम लाल हो रहा था। उसके स्वेटर की मैली बाजू कभी आँखों पर पहुँचती थी, कभी माथे पर। उसने गहरी साँस भरी फिर नासिम को बुलाकर कहा, "वह टाइपराइटर मुझे दे दे। वह रिपपन्दी का है। मैं सँभाल दूँगा।"

"टाइपराइटर?" नासिम का चेहरे पर घटायें घिर आयीं और वह धीरे–से बोला, "वे तो अभी–अभी तोड़ दिये सारे, छर्रे बनाने के लिए। कह रहे हैं, अब अक्षरों से गोलियाँ बनेंगी।"

नोर्देन होशो हवास खो कर सोचने लगा, "अक्षरों की गोलियाँ?"

कमरे में सन्नाटा गहरा गया। नासिम को समझ नहीं आ रहा था कि क्या करे क्या न करे?

"जा, वो गोलियाँ लेकर आ जा।" नरेन सर का हुक्म आया, "आज रात को ही काउंटर अटैक करना पड़ेगा।"

नासिम धीरे–से खाँसा। बोरे के पास से पुराना झोला निकाला। और एक झोला अक्षर लेकर बाहर चला गया।

नोर्देन को क्या पता कि वह 'एन प्लस आर' अब किसकी जान लेने को तैयार हो रहा था?

बम

कमी तो उसकी ही खटकती है जो हर एक ग़लती को पेंसिल से लिखे हुए अक्षर की तरह मिटा देता है और कुछ नया लिखने के लिए जगह बना देता है।

नोर्देन के लिए रिपपन्दी वही इरेज़र थी जो उसकी हर एक ग़लती मिटा देती थी। मिटौनी सिर्फ़ ग़लत लिखे को मिटाने के लिए ही नहीं बल्कि नया लिखने के अवसर बनाने के लिए भी तो होती है।

नोर्देन अब ज़िन्दगी का नया अवसर लिखना चाहता था।

पहली बार ऐसा हुआ था कि नोर्देन ने संसार में की हुई हज़ार ग़लतियाँ भुला दी थीं। मन–ही–मन में रिपपन्दी को याद किया। उसे समझ में आ चुका था कि अब रिपपन्दी की याद के सिवा उसके पास और कुछ नहीं था जिसके लिए उसे जीना होता या मरना होता।

सच ही तो था। उसके पास न देखने के लिए सपने थे, न कहीं ले जाने के लिए रास्ते, न ही ख़ुद को जोड़कर रखने वाली अपनी ज़मीन। सब कुछ खो चुके सपने में अब सिर्फ़ भूचाल ही आता था। वह दार्जिलिंग के हर एक आदमी की तरह सपने में कँपकँपाता ही रहता था।

"लड़ाई लड़ने वाले तो सिर्फ़ जीवीसी वाले ही हैं", सोच में डूबे नोर्देन के कन्धे पर हाथ रखते हुए सूर्य ने कहा, "अब लैंड के लिए नहीं यह काउंसिल की लड़ाई बन गयी है। एन.बी. के लड़कों की तो चाँदी कट रही है। सुना है, उनके कैम्प में लड़कियों और दारू

की कोई कमी नही है। सरकार के साथ हाथ न मिलाने वालों में तो हमारे चीफ़ ही हैं बस। बाज़ार में तो ये सब बातें चल रही हैं।"

पहाड़ अचल था। चलने वाला कुछ था तो सिर्फ़ यह बातें। बार–बार ख़बरें आतीं और जीवीसी को आगे रखते हुए दिखाती थीं। उस समय सूर्य की छाती चौड़ी हो जाती थी। वह जीवीसी का नायक जो था।

आज फिर चौड़ी छाती सिकुड़ गयी थी। आज की ख़बर थोड़ी ज़्यादा ही भयानक थी।

नोर्देन ने लम्बी साँस भरी और बोला, "कह रहे हैं कि लावा की तरफ़ तो और कोई जीवीसी है।"

नासिम ने आँखें मूँदीं और काफ़ी देर सोच में पड़ा रहा।

सूर्य की छाती सुई–चुभा गुब्बारा बन गयी।

"आन्दोलन हमारी कमांड में है, हम ही हैं असली आन्दोलनकारी", चीफ़ को जो कहना था, वह सूर्य ने कह दिया, "वो ढोंगी तो जीवीसी के नाम में पेड़ काटकर बेच रहे हैं। उन एन.बी. के लड़कों को सबक़ सिखाना ही पड़ेगा। कभी सीपीएम का नाम लेते हैं और ग़रीबों को मारते हैं। आन्दोलन का नाम लेकर ऐश उड़ा रहे हैं। कैम्प में रखैलें रखकर आन्दोलन होगा? बहनचोद..."

कैम्प में रखेलें? नोर्देन की आँखें विस्मय से भर गयीं।

"क्या कह रहे हैं, नया जीवीसी बनायेंगे?", सूर्य ने चीफ़ की ओर न देखते हुए सुनी–सुनायी बात दोहरायी, "पेड़ काटने की पर्मीशन ऊपर से लाये हैं, कह रहे हैं वे तो। चीफ़, अब क्या करें?"

"अब पेड़ काटने वालों को ठोकना पड़ेगा। इन सबने काउंसिल का सपना देख रखा है। मैं तो ब्लैक एंड व्हाइट आदमी हूँ। लोगों को धोखा नहीं दे सकते। हमारे कितने आदमी मरे हैं। अब हमारे नेता ही गोलमाल कर रहे हैं तो पहले उन्हें ही ठिकाने लगाना पड़ेगा।" चीफ़ की आवाज़ तड़कने लगी, "अब ऊपर नीचे का कोई भेद नहीं। आन्दोलन करना है तो सभी को ग्राउंड में आना होगा।

जनता आग में झुलस रही हो तो नेताओं को ठण्डी बर्फ़ का सपना देखने का कोई हक़ नहीं। मैं ऐसा नहीं करने दूँगा उन्हें। सभी को शूट कर दूँगा।"

"इस ग़रीब–सी देसी बन्दूक़ से अब किस–किसको शूट कर पायेंगे?", अनखनाते हुए नासिम ने सिर खुजलाया। नोर्देन और सूर्य चुपचाप खड़े रहे। चीफ़ और कुछ कहना चाह रहे थे, तभी पीछे से आवाज़ आयी, "चीफ़, बम तैयार हो गया है।" यह तो वाक़ई कमाल हो गया। कमांडर चीफ़ नरेन्दर सर ने ग़ज़ब बात सुना दी।

बम? टाइपराइटर के अक्षरों से तो बम बन गया।

एक बड़ी पोटली थी, जिसे एक पुराने कपड़े से बाँधा हुआ था। डोरी बाहर से लपेटी हुई थी। छोटी बत्ती आगे निक़ली हुई थी।

एक पल के लिए चीफ़ ने बम को देखा। फिर एक आँख छोटी करके देखा। इसके बाद कैम्प में अन्दर जाते हुए बोले, "सुबह का प्लान बता दो इन सबको!"

नरेन सर ने हाथों से नहीं बातों से बम फोड़ दिया, "अब पुल उड़ायेंगे।"

सूर्य बम के क़रीब आया। उँगलियों से सुतली को धीरे–से छुआ और बोला, "गोलियों की आवाज़ नहीं आयी तो लोग सो नहीं सकते। सब लोग साढ़े छह बजे गोलियों की आवाज़ का इन्तज़ार करते हैं।"

नासिम अलग ढंग से मुस्कुराया और बोला, "आज बड़ी आवाज़ सुनेंगे। नींद अच्छी आयेगी सबको।"

"है कौन–सा पुल?" नोर्देन ने केतली का ढक्कन थाम लिया था।

कैम्प में चावल ख़त्म हो सकते हैं, पर केतली का नशीला पानी कभी ख़त्म नहीं होता। लड़के मज़ाक़ करते थे, "आलू से ज़्यादा दारू पर ध्यान देना चाहिये!"

"अरे वही, स्यारपी जहाँ से गुज़रती है, वही तीस्ता पुल।" नरेन सर ने योजना बतानी शुरू की। उसी पल दिखे राजू सर। चेहरे पर अँधेरा छाया हुआ था। घर में लगी आग की छाप आँखों में साफ़ दिख रही थी।

राजू सर के साथ एक अधेड़ उम्र का आदमी था। उसका चेहरा नीचे की ओर धँसा हुआ था। दाढ़ी के बाल सफ़ेद हो चले थे। उसने हाफ़ पैंट पहनी हुई थी। पैरों में चप्पल तक नहीं थी।

"इसे चीफ़ से मिलवा दो। राजू सर धप्प से पत्थर पर बैठ गये। सूर्य उस अधेड़ को लेकर चीफ़ के कमरे में चले गये।

पाँच मिनट बाद बाहर आये और कहा, "राजू सर, चीफ़ की पेंशन का पैसा इसे देने के लिए कहा है। इसका लड़का किडनैप हुआ है। बता रहा है, घर में खाने को कुछ भी नहीं है।"

राजू सर ने झोला उठाया और पैसे निकाले। एक गड्डी खुले नोट थे, वहीं से तीन सौ रुपए निकालकर दे दिये।

अधेड़ ने हाथ जोड़े और चेहरे पर खिल आयी धूप को सेकता हुआ घर की ओर चल दिया।

जब तक वह ओझल नहीं हो गया, नोर्देन की आँखें उसके तलवों पर टिकी रहीं, जिनमें धूप से चटकी मिट्टी की दरारें दिख रही थीं।

"चल, मैं भी थोड़ी पी ही लेता हूँ।" आज राजू सर ने पहली बार दारू माँगी। केतली के मुँह में अपना मुँह लगाया, फिर बोले, "सूर्य, तू दारू पी लिया कर, लेकिन वह नशे की गोली की लत मत लगा। जल्दी चला जायेगा उससे।"

"गोली?" नासिम दंग रह गया। वाह साला, सूर्य की हिम्मत का असली राज़ तो यह है!

सूर्य ने मुंडी उस तरफ़ घुमाई और बोला, "आज बम फोड़ना है। जाने को तैयार हैं पुल को उड़ाने के लिए।"

"तेरी माँ की चूत। तू नहीं, आज मैं फोड़ूँगा बम। समझा?" दो घूँट खींचकर राजू सर ने कड़क आवाज़ में कहा, "साला! बर्बाद आदमी का टूटा घर, टूटने के बाद काहे का डर?"

सूर्य मुस्कुरा दिये, राजू सर की बात पर ज़्यादा ध्यान नहीं दिया।

उस समय जीएनडब्लू की महिलाएँ वापस आयीं। वे तीन से चार दिनों में लौटती थीं। गाँव–गाँव घूमकर मुट्ठीदान बटोरकर कैम्प में लेकर लौटती थीं।

मुट्ठीदान अब मुश्किल होता जा रहा था। लोगों के पास खुद के खाने के लिए बचता नहीं था, बार–बार दान कहाँ से जुगाड़ पाते?

उन्हीं में आगे खड़ी थी पूनम। जो नहीं होना था वही हुआ। उसके साथ सूर्य की आँखें चार हुईं। सूर्य नर्वस हो गये, चेहरे पर चन्द्र ग्रहण लग गया।

"उस आगे खड़ी लड़की को देखा?" नोर्दैन ने नासिम के कान में फुसफुसाया, "वही है पूनम जिसे सूर्य पसन्द करते हैं। देख न, उनका चेहरा कैसे शर्म से लाल हो गया है?"

सूर्य की आवाज़ लड़खड़ाने लगी, फिर कँपकँपाती हुई नोर्दैन पर लपकी, "अबे गाँडू, मेरे बारे में बात कर रहा है?"

इसके अलावा कोई शब्द निकल पाते उनके मुँह से भला?

नासिम नोर्दैन के पास आया और कान में बोला, "साला, ये सूर्य का चक्कर कब से चल रहा है?"

सूर्य बिल्कुल चुप रहे। राजू सर कमरे के अन्दर चले गये।

केतली ज़मीन पर ही थी। थोड़ी हिम्मत करके सूर्य ने नासिम के कान में कहा, "उसे एक बार मज़ाक़ में 'भाभी' बोल दे। देखते हैं क्या कहती है?"

नासिम का चेहरा लाल पड़ गया।

नोर्दैन ने सूर्य को हिलाया, "तेरे मन की बात मैं आज पहुँचा देता हूँ उसे। मन–ही–मन में लव से क्या होता है, बोलना भी पड़ता है। मुझे तो लगता है, वह लड़की तेरे लिए ही कैम्प में आती है।"

लो देखो, सूर्य का चेहरा तो पिलपिला गया!

सूर्य बम को भूल गये। सीआरपीएफ को भूल गये। उड़ाने वाले पुल को भूल गये। पूनम की आँखों से अपनी आँखों को जोड़ने वाला नया पुल बनाने में लग गये।

बाप रे! आज देखी इश्क़ की ताक़त। जिस सूर्य को देखकर दुनिया काँपती थी, वह आज इश्क़ के बुख़ार में ख़ुद ही काँप रहे थे।

नोर्देन को सूर्य की हालत का इल्म था। वह पूनम से बात करने कैम्प की तरफ़ चल पड़ा। सूर्य दौड़ते हुए आये, उसका हाथ पकड़ा और विनती की, "तुझे तेरी माँ की क़सम, आज रहने दे। कल मैं न हूँ यहाँ तब बोल देना। अगर उसने 'न' कह दिया तो कसम से मैं मर जाऊँगा।"

नासिम ने सूर्य के चेहरे को ध्यान से देखा। पहली बार उनकी आँखों में शीत जमी हुई दिखी। आँखें एकदम शान्त दिख रही थीं।

"एक बार गोर्खालैंड बन जाये फिर तो सूअर भी नुनिया चावल खाएगा। घर–घर में स्विमिंग पूल बनेंगे।" राजू सर को देसी जांड़ चढ़ गयी थी। अचानक कैम्प से बाहर आये और जीएनडब्लू वालों को भाषण झाड़ने लगे। औरतें उनके चारों ओर बैठकर तमाशे का मज़ा लेने लगीं।

सूर्य ने बम झोले में डाला और पूनम को आँखों की कनखियों से देखने की कोशिश करते हुए चल पड़े। नासिम, नोर्देन व तीन और लोग उनके पीछे–पीछे चल पड़े।

दस मिनट बाद जाकर सूर्य होश में आये। धीरे–से पलटे और कहा, "सच में नोर्देन, तूने मेरे मन की बात कह दी। मुझे भी लगता है कि पूनम कैम्प मेरे लिए ही आती है।"

"अब समझा साला लपुझन्ना! यहाँ आकर बोल रहा है"। तब तक राजू सर पीछे से दौड़ते हुए आये और बोले, "चीफ़ ने कहा है कि इसके बाद एन.बी. सर के मनसोंग के कैम्प को भी उड़ाना है।"

"मनसोंग का कैम्प?" नासिम के होश उड़ गये।

"कुछ दिन पहले होम्स में इतनी बड़ी मीटिंग हुई। हमारे चीफ़ को बुलाया? साले लड़ाई करें हम और नेताओं से लिपटें–चिपटें वे?" राजू सर को तो अब अच्छे–से चढ़ चुकी थी, "साले बदमाश हैं एन.बी. के लड़के। वो साला जब देखो, लौंडियाबाज़ी करता रहता है। आज उड़ा देते हैं उनका कैम्प।"

"ठीक बात है। बाज़ार में यही उड़ रही है कि आन्दोलन तो जीवीसी वालों ने ही बचाकर रखा है। आला कमान तो सिक्किम में जाकर बैठे हैं।" सूर्य ने दिन में बाज़ार में सुनी बात सबको सुना दी।

"साला, पहले पुल उड़ाते हैं। उससे स्यारपी को रोक लेंगे। फिर जाकर सालों का कैम्प उड़ा देते हैं। हमारे चीफ़ को लल्लू समझकर ऐसा कर रहे हैं। हम मर गये हैं क्या?"

धूप पहाड़ी के ऊपर चढ़ चुकी थी। छोटे रास्ते से मेन रोड पर पहुँच सकते थे। बम लेकर आये सात भाइयों के अलावा उस रोड पर कोई भी नहीं दिख रहा था।

"साढ़े छह बजे फोड़ते हैं बम।" नासिम ने धूप को देखते हुए कहा, "साढ़े पाँच तो हो रहा है, लगता है।"

सड़क से एक छोटा रास्ता मिला, उस पर उतरते हुए दस मिनट में पुल पर पहुँच गये। बाप रे! पुल के खम्भे तो कितने बड़े थे, ऊपर से देखने पर सही अन्दाज़ा नहीं लग रहा था।

जो भी हो, बम भी कोई छोटा नहीं था। नोर्देन ने हल्का–सा गड्ढा खोदा, उसमें बम रख दिया। फिर पत्थर रखकर रेत से ढक दिया और बत्ती बाहर निकाल दी।

धूप पहाड़ के ऊपर से ढल चुकी थी। नीचे बहती हुई तीस्ता के अलावा कोई आवाज़ नहीं सुनाई पड़ रही थी।

"यह पुल टूट जाये तो सीआरपीएफ को अच्छा सबक मिलेगा।" ढलती धूप को देखते हुए सूर्य ने कहा, "सुलगा दें अब, क्यों?"

"मेरी तो हिम्मत नहीं हो रही, मैं तो नहीं कर पाऊँगा", राजू सर पीछे हो लिए। दिन में दारू और धूप दोनों की गर्मी चढ़ी थी, अब दोनों ही ठण्डे हो चुके थे। दारू के बिना कहाँ का बम?

"सूर्य, थोड़ा दूर से सुलगाना, ठीक है? अब जा।" अपना सुझाव देकर राजू सर अपने रास्ते हो लिए।

नोर्देन ने नदी के पार देखा। तीन सीआरपी की गाड़ियाँ मोड़ पर दिखीं। उसके चेहरे पर चमक आ गयी।

"सुलगा दे सूर्य", नोर्देन चिल्लाया, "साले स्यारपी के साथ ही नदी में गिरा देते हैं पुल को।"

सूर्य ने माचिस जलायी, बत्ती को सुलगा दिया और भागे सब जंगल में।

"डुम्म!" तीस सेकंड बाद आवाज़ आयी। जैसा उन्होंने सोचा था, वैसी ही आवाज़ आयी। सबके कान बजने लगे, आँखें मुँद गयीं। तीन सेकंड बाद नासिम ने धीरे–से आँखें खोलीं।

अरे! पुल को तो कुछ भी नहीं हुआ। स्यारपी की गाडियाँ वहीं रुक गयीं थीं और जवान राइफ़ल उठाये चारों तरफ़ फैलकर चीत्कार कर रहे थे।

"लड़कों भागो।" नासिम की आवाज़ नदी की आवाज़ से ऊँची उठी। लड़के जंगल के भीतर दौड़ गये।

राजू सर तेज़ नहीं दौड़ पाये। चित्रे मोड़ तक ही पहुँचे थे कि पुलिस ने धर लिया।

दुबला आदमी, दाढ़ी बढ़ी हुई, बिखरे बाल, फटते हुए कपड़े, उखड़ती हुई साँस। बस, अब तो सब पुलिस के हाथ में था।

"हम तो कालेबुङ्ग से पैदल आया हूँ। सिक्किम का टीचर हूँ मैं।" सर के पैर तो नहीं चल रहे थे, पर दिमाग़ दौड़ रहा था। नयी कहानी फौरन बनाई, "पैदल चल के आया हूँ। यह जुत्ता देखो न। यह भी फट गया।"

राजू सर धम्म–से ज़मीन पर बैठ गये और फटा हुआ जूता अफसर के मुँह के सामने कर दिया।

"साला, सर को जूता दिखाता है?" कांस्टेबल ने एक लात जड़ दी। राजू सर ने दोनों हाथ जोड़े और अफ़सर की आरती उतारना शुरू कर दिया।

अफसर समझ गया। पूछा, "कहाँ करते हो टीचिंग?"

"ज़ोरथंग बाज़ार में।"

"अच्छा वहाँ एक पानवाला है। उसका हुलिया और नाम बताओ।"

लो, अब तो फँस गये!

"वो मुसलमान है। दाढ़ी लम्बा–लम्बा है। गॉगल्स पहेनता है। सभी जन उनको फ़िरोज़ चाचा बुलाता है!" राजू सर एक साँस में बोल गये।

अबे साला! राजू सर तो सिक्किम में टीचिंग करते हैं। छुट्टी में आकर आन्दोलन कर रहे हैं।

अफसर ने बात समझ ली और उन्हें छोड़ दिया।

राजू सर अफ़सर के पैरों में गिरे और चुपचाप मल्ली की तरफ़ चल पड़े।

इसके बाद वह कभी कैम्प लौटकर नहीं आये।

किडनैप

थोड़ा चुभे तो भी क्या, सुई जैसा इन्सान अच्छा होता है। चलता है तो फटे को जोड़ तो देता है। ख़तरनाक तो कैंची होती है। चले तो हर चीज़ के दो टुकड़े।

सूर्य थे सुई जैसे। कभी–कभी चुभते ज़रूर थे पर हर फटे को जोड़कर रख लेते थे। इसी कारण लड़के उनके पीछे–पीछे रहते थे। बस, अब वह एक बार पूनम के साथ जुड़ना चाहते थे जिसके लिए नोर्देन को धागा बनना था।

वह गुरुवार का दिन था।

धूप अभी निक़ली नहीं थी। सूर्य दा नींद से उठ गये।

उनके मन में भूचाल आया हुआ था। आज के दिन प्रेम का प्रस्ताव जो रखना था।

आज पहली बार उन्होंने ख़ुद पर ग़ौर किया।

पैंट उधड़ने लगी थी। जूता आगे से खुल रहा था, अँगूठा बाहर झाँक रहा था। दाढ़ी बनाने का समय ही नहीं होता था। कितनी बढ़ी होगी दाढ़ी, क्या पता? देखने के लिए आईना कहाँ था? पुराना स्वेटर शरीर पर चिपकाए हुए महीना भर हो चला था।

आज सूर्य में नया जोश था। स्वेटर धोने का मन हुआ और पैंट बदलने की इच्छा। दाढ़ी बनाने का भी सोचा। चेहरे पर क्रीम पोतने का विचार भी तीव्रता से आया, पर करते कैसे? न दूसरा जूता था और न ही स्वेटर। न पैंट, न क्रीम और न ही ब्लेड।

धारा में थोड़ा पानी ज़रूर था। उससे चेहरा धोया। बालों में पानी लगाया और उन्हें बिठाने की कोशिश करी। पल्ली तरफ़ देखा और मुस्कुराये।

वाह! इस समय उनका चेहरा ऐसा दिख रहा था जैसे काँटों के बीच खिला फूल, बादलों के पीछे से झाँकता थोड़ा–सा चाँद।

उनकी साँस वैसी ही चल रही थी जैसी पहली बार इश्क़ में उलझे इन्सान की चलती है। हर प्रेमी जीवन में एक बार कपालभाती तो करता ही है, मुँह से साँस लो और नाक से निकालो।

वह आज यही कर रहे थे।

"पूनम एक बार 'हाँ' कर दे, जांड़ छोड़ दूँगा, दारू छोड़ दूँगा, गोलियाँ भी छोड़ दूँगा", गहरी साँस भरी, संकल्प लिया और कैम्प से बाहर निकले।

कैम्प पहले जैसा ही था। धरती भी पहले जैसी ही थी। धूप भी पहले जैसी ही चमक रही थी। बस, आँखों में चमकता सपना नया था। उससे ही तो उन्हें हर चीज़ आज नयी दिख रही थी।

लो, अब नोर्देन नहीं दिख रहा।

उनकी आँखों ने सबसे पहले नोर्देन को ही ढूँढ़ा। दिमाग़ ने सबसे पहले नोर्देन का ही नाम लिया, पर वह दिख नहीं रहा था कैम्प में।

कहाँ होगा नोर्देन?

"कल रात ड्यूटी से नोर्देन को उठा लिया। किडनैप हो गया है वह।" साँस फुलाते हुए नासिम कैम्प में आया। एक लम्बी साँस भरी, ख़ुद को सँभाला और बोला, "नोर्देन का अता–पता नहीं है। अब क्या करें?"

कैम्प में ख़लबली मच गयी। धरती ही हिलने लगी। सूर्य के चेहरे पर ग्रहण लग गया।

"किसने किया? एन.बी. के लड़कों ने?

सूर्य की साँस बढ़ने लगी, दिमाग़ तपने लग गया। दौड़कर कैम्प के अन्दर गया, खुकुरी उठायी और चिल्लाया, "माँ की चूत, आज गाजर–मूली की तरह काट दूँगा सालों को।"

नासिम चुपचाप खड़ा था। उसे पता था कि अब नोर्देन का बचना मुश्किल था। पिछले हफ़्ते ही तो नोर्देन ने एन.बी. के एक लड़के को खेत के पिछले भाग में गाढ़ा था।

नासिम ने याद किया कि कैसे नोर्देन ने एन.बी. के होश उड़ाये थे, लोले के कैम्प पर क़ब्ज़ा किया था। फिर अन्त में याद किया मनसोंग के कैम्प पर किया हमला।

चीफ़ हमेशा कहते थे, "एन.बी. लकड़ी चोर है। आन्दोलन तो सिर्फ़ बहाना है। अपने ही लोगों का घर जलाता है, सरकारी सम्पत्ति जलाता है। ऐसे होता है आन्दोलन? लो, देखो, बन गया गोर्खालैंड। क्या ज्योति बसु यहाँ का पंचायत ऑफ़िस अपने साथ लेकर जायेगा? बीडीओ ऑफ़िस तोड़कर साथ ले जायेगा? तो क्यों जलाना है? किस लिए करनी है तोड़–फोड़?"

मनसोंग कैम्प पर हमला करने के समय की बात है। दो लोगों को जीवीसी के लड़कों ने धर लिया था। उनमें से एक एन.बी. का बड़ा भाई था। उसे धरने वाला नोर्देन ही तो था।

लड़का लम्बू था। मुँह से दारू की बास आती थी। मुँह से गालियाँ झरती थीं। सूर्य ने उसकी पिंडलियों में ब्लेड घिसा था। उसके बाद नासिम ने उसके सिर पर बोरा लपेटा था और शुरू हो गयी थी उसकी पब्लिक धुलाई।

चीफ़ का आदेश था, "एन.बी. के चमचों को छोड़ना मत। पेड़ काटने, पैसे लूटने और सीपीएम का नाम लेकर आदमियों को मारने वाले ये ही हैं।"

सूर्य ने कितने सीपीएम को मारा, उसका हिसाब ही नहीं था। साँप को देखकर जिसके हाथ काँपने लगते था, उस सूर्य ने सबसे पहले एक सीपीएम को ही मारा था। उसके बाद मारा था सीआरपीएफ को।

फिर खुकुरी से मारा था एन.बी. के लड़कों को, जो सीपीएम को मार रहे थे।

सिर्फ़ बहाना नया था, काम वही पुराना था। आन्दोलन का मतलब, आदमी को मारना। सूर्य को बस इतना ही समझ आया था। उनकी समझ यह भी कहती थी कि उन्होंने तो किसी को मारा ही नहीं है। घोंपी हुई खुकुरी तो बस आन्दोलन में दिया हुआ एक योगदान है।

उन्होंने जीवन के पथ पर हर ताक़तवर आदमी का पीछा किया और साथ हो लिए। जहाँ से जब भी इशारा आया, खुकुरी चलायी। हज़ारों सूर्यों ने मिलकर जो आन्दोलन किया था, वह ऐसे ही तो हुआ था।

सूर्य ने कभी नहीं पूछा, "खुकुरी क्यों चलानी है?" उसने उस दिन भी तो नहीं पूछा। नंगी खुकुरी लेकर खेतों में दौड़ गया।

चीफ़ से आराम से कुछ पूछने–समझने का मौक़ा ही कहाँ मिलता था? जब देखो, तब उनका मूड ख़राब ही रहता था। मूड ख़राब करने वाला और कोई नहीं वह एन.बी. ही होता था। सूर्य और नोर्देन की समझ में बस इतना ही आया था।

नासिम ने इतना समझा था कि शुरू में सब ठीक था, बाद में एन.बी. ने चीफ़ को ओवरटेक कर लिया। ख़ुद ही जीवीसी खोल ली और शाखाएँ बनाकर घूमने लगा। उसी समय होम्स में जो मीटिंग हुई थी, उसमें घिसिंग आया था। उस मीटिंग में सबको बुलाया था पर चीफ़ को ख़बर तक नहीं दी थी। वहीं से गोरामुमो और असली जीवीसी अलग हो गये। अलग होने का ख़ास कारण क्या था, वह तो एन.बी. के लड़कों को ही पता होता।

इसीलिए ही तो उस दिन एन.बी. के बड़े भाई की जमकर धुलाई की गयी थी। एक आध लड़कों की तो चीर काट भी कर दी थी।

उसी का बदला लिया गया है। नोर्देन को कैम्प से ही उठा लिया, यह एकदम ख़तरनाक बात थी जीवीसी के लिए। नासिम थर–थर काँपने लगा।

"नासिम भाई, उन लोगों ने नोर्देन को बोङ्ग बस्ती पहुँचा दिया है" नरेन सर नयी ख़बर लाये। उनके साथ आया हुआ लड़का एकदम चुपचाप था। कुछ निराश दिख रहा था।

"लो, चल पड़ो लड़कों", सूर्य का चेहरा दमकने लगा। फटे हुए डिंगो बूट्स में पैर डाले। फिर चेहरे की भाव–भंगिमा को गुस्से में ढालते हुए नासिम की ओर पलटे।

नासिम ने और लड़कों को इशारा कर दिया। लड़के खुकुरियाँ लेकर निकल पड़े।

"जल्दी करो", सूर्य ने दाँत पीसते हुए कहा, "इन सबका तो आज मैं कच्चा मास खाऊँगा।"

आठ बजने से पहले लड़के बोङ्ग बस्ती पहुँच गये। नरेन सर ने इशारा किया, "सुना है, उसी घर में रखा है नोर्देन को।"

मिट्टी के घर पर ख़परैल की छत थी। घर एक तरफ़ से ढह चला था। घर से कुछ नीचे केले का पेड़ था। सामने की ओर चौड़ा आँगन था। बाँस को काटकर पानी की धार पहुँचाई हुई थी।। हर जोड़ से पानी रिसता हुआ दिख रहा था।

लड़कों ने घर को चारों तरफ़ से घेर लिया। नासिम आगे था, दूसरी ओर से सूर्य आगे तैयार थे। उनके हाथ की खुकुरी बहुत लम्बी थी।

नासिम आँगन के पास पहुँच चुका था। वहाँ दर्ज़नों लोग खड़े दिख रहे थे। उन्हीं के बीच बैठा हुआ शख़्स तो नोर्देन ही था।

"ठीक है वह", नासिम ने इशारा किया। सूर्य के चेहरे पर दूसरा सूरज खिल आया। वह आगे बढ़ने लगे थे कि नासिम ने रोक दिया। उसने ऊँची आवाज़ में बोलना शुरू किया, "घर चारों तरफ़ से घिर गया है। हमारे आदमी को छोड़ दो नहीं तो तुम में से कोई नहीं बचेगा।"

घर में सन्नाटा छा गया। नोर्देन को घेरे हुए लड़कों ने सिर उठाकर देखा, पर कोई कुछ बोल नहीं पाया। उल्टा वे सब थर–थर काँपने लगे।

उसी समय नोर्देन उठा, आगे आया और चिल्लाया, "लड़कों, कुछ नहीं हुआ है। ये अपने ही लोग हैं। रिपपन्दी के रिश्ते में लगते हैं।"

रिपपन्दी?

नासिम को नौ महीने पहले की बात याद आ गयी। नोर्देन कैसे लोले जाते समय रो रहा था? उसने लड़कों को हथियार रखने का इशारा कर दिया।

वहाँ जमा लोग सब बोङ्ग बस्ती के आसपास के गाँव वाले थे।

अब जाकर उन गाँव वालों की साँसें लौटीं। जीवीसी के लड़के आँगन में जमा हो गये।

नासिम चुपचाप नोर्देन के पास आया। उसे चीफ़ ने ऑर्डर दिया था, "एन.बी. के लड़के हों तो एक को भी नहीं छोड़ना। उन्हें समझाना होगा कि हमारे किसी बन्दे को छुआ तो क्या होगा।"

यह तो एन.बी. के लड़के नहीं थे। नासिम को तसल्ली हो गयी, लेकिन नोर्देन को उठाया तो गया था। नासिम ने कड़क स्वर में पूछा, "ऐसा है तो फिर किडनैप क्यों किया था?"

नोर्देन मुस्कुराया और बोला, "किडनैप नहीं किया है। मुझे बुलाया गया है। मैं ख़ुद ही आया हूँ।"

सूर्य की भौंहें चढ़ गयीं।

रिपपन्दी का बाप ख़ुद ही आगे आया। डर से काँपता हुआ बोलने लगा, "नहीं–नहीं, वैसा कुछ नहीं है। हमारी लड़की से ग़लती हो गयी। शादी से पहले ही बच्चे की माँ बन गयी। बच्चे के बाप का नाम पूछा तो सर का नाम बताया। कमल सर से पता चला कि ये तो कैम्प में हैं। इसीलिए इन्हें यहाँ लाये हैं।"

"उस साले कमल का तो नाम मत लेना।" सूर्य लपक कर उठे और आँखें भींचते हुए आगे आये, "क्या यह तेरी ही औलाद है नोर्देन? गारंटी क्या है?"

नोर्देन फुर्ती–से उठा। पीला पड़ा चेहरा उठाया और सूर्य की आँखों में देखते हुए, किसी तरह हँसने की कोशिश करते हुए बोला, "यार, मैं रिपपन्दी से प्यार करता हूँ। वह बच्चा मेरा ही ख़ून है। मैंने समाज को सब बता दिया है। बिन बाप के बच्चे का क्या हाल होता है, तुम्हें पता ही है। अब समझ जाओ न। मैं इसे ख़ूब पढ़ाऊँगा।"

नोर्देन को एकाएक याद आने लगा वह दिन, जब उसने गाँव छोड़ा था और शहर आया था पहली बार।

उस समय वह दूसरी क्लास में पढ़ रहा था। स्कूल में रिज़ल्ट पाने का दिन था। उसके आपा दारू पीकर ही स्कूल आ पहुँचे थे।

सर रिज़ल्ट देख रहे थे।

"सर, मेरा लड़का पास हो गया?" नोर्देन के आपा ने काँपते स्वर में पूछा था।

सर मुस्कुराये थे और बोले थे, "हाँ, पास तो हो गया है।"

आपा की छाती चौड़ी हो गयी थी, पर अचानक ही उनका दिमाग़ घूम गया। तीसरी क्लास में तो पहुँच गया है, पर अपना नाम तक लिखना नहीं जानता। ऐसी पढ़ाई का क्या फ़ायदा?

ये तो है। उसे अपना नाम तक लिखना नहीं आता था। तीसरी में सीखता क्या है आख़िर?

नोर्देन के पिताजी की आँखें नाचने लगीं। दारू का नशा अब सिर पर चढ़ आया था। हाथ थर–थर काँपने लगे। बस, आवाज़ उठाकर ज़ोर–से चिल्ला दिये, "क्यों सर, पढ़ाते क्या हैं इनको? बच्चा तीसरी में पहुँच गया है, अपना नाम तक लिखना नहीं जानता।"

नशे की झोंक में सर की टेबल पर दो घूँस जड़ दिये। कुर्सी पर लात मारने ही वाले थे कि सर उठ खड़े हुए और चिल्लाये, "तुम सरकारी आदमी को ऐसे धमका नहीं सकते। अब मैं पुलिस केस करूँगा, समझे?"

पुलिस का नाम सुनते ही नोर्देन के आपा चम्पत हो लिए। घर पहुँचने से पहले उनकी कहानी गाँव भर में फैल चुकी थी।

घर के पास एक मैदान था। आपा वहाँ तक पहुँचने वाले ही थे कि ठूलो कांच्छा से मुलाक़ात हो गयी। उन्हें देखते ही कांच्छा मुस्कुराये और दाँत फाड़ते हुए बोले, "तूने सर को धो डाला, क्यूँ? अब ठुल्ले का इन्तज़ार कर, ससुराल जाने को तैयार हो जा।"

ठुल्ला?

उनके होश उड़ गये, हाथ–पैर अकड़ गये। रात ही रात वह तो गाँव से फरार हो गये।

इसके बाद ही नोर्देन को स्कूल छोड़ना पड़ा। गाँव छोड़ना पड़ा। राजू सर के साथ शहर जाना पड़ा।

नोर्देन अनाथ था। बस, अपनों के प्यार की तलाश में रहता था। उसे सबसे पहले प्यार देने वाली रिपपन्दी ही तो थी। उसे धोखा कैसे दे सकता था वह? सिर उठाकर उसने ऊँची आवाज़ में ऐलान किया, "रिपपन्दी का बच्चा मेरा ही बच्चा है। यह मेरा ही ख़ून है। समझ गये लड़कों?"

"साला बहनचोद! कर कब पाया?" नासिम ने दाँत फाड़ दिये। नोर्देन की आँखों में देखा और घर के अन्दर चला गया। अन्दर जाकर कोने में देखा।

वहाँ दिखे लाल गाल, छोटी आँखें, जूड़े में बाँधे हुए बाल। झेंपा हुआ चेहरा। शर्म से इतराती हुई रिपपन्दी वहीं बैठी थी।

उसके चेहरे पर ख़ुशी मानो उड़ेल दी गयी हो। उस ख़ुशी का उजाला चेहरे पर खिला हुआ था। वह उजाला नोर्देन की आँखों में चमकते सूरज का ही तो था।

नासिम भावुक हो गया।

सिर उठाकर सामने देखा। वहाँ बोरे को बाँधकर पालना बनाया हुआ था। नोर्देन का सपना उसी में झूल रहा था।

"साले गाँडू! तू तो फास्ट निकल गया।" नासिम नोर्देन की तरफ़ देखते हुए बोला, "सूर्य दा की भी इच्छा पूरी कर दे अब। भुढ़ा गयी मूली जैसे हाल हो रहे हैं उनके। पूनम से मिलवा दे उनको।"

नोर्देन थोड़ा–सा झेंपा और आख़िरी बची हुई जांड ख़ाली करते हुए आसमान की ओर देखा और बोला, "तुम सब जाओ। मैं शाम को आता हूँ।"

"तू क्यों अकेला आयेगा शाम को?" सूर्य ने धीरे–से कहा, "एन.बी. ने लड़के भेज दिये तो? हम तीनों भाई यहीं रहेंगे।"

"नहीं–नहीं, मैं रिपपन्दी को गाँव पहुँचाने का इन्तज़ाम कर रहा हूँ", नोर्देन मुसकुराते हुए बोला, "मैं बार–बार नहीं आ पाऊँगा। किसी के साथ रहने का पक्का करते ही आ जाऊँगा। आते ही सूर्य की बात भी पहुँचा दूँगा, पक्का।"

अब जाकर सूर्य के चेहरे पर मुस्कान दौड़ गयी। आँखों में नया सपना लहराने लगा।

"चाहे पूनम मुझे प्यार करे या न करे, उसके बच्चे का बाप तो मैं ही बनूँगा।" उसने मन–ही–मन कसम खा ली।

वह और लड़कों को साथ लेकर कैम्प रवाना हो गया।

शहीद रामप्रसाद

बुराथोकी की बिटिया को खोला बहा ले गया।

पेट और पीठ एक होते हुए। झाइयों से भरे होंठ। चेहरे का रंग उड़ा हुआ। घिसी हुई चप्पल। लोग उसे 'पगलिया' बुलाते थे।

हमेशा बेरंग कुर्ता–पाजामा पहनती थी। सिर पर हरा पट्टा बाँधती थी। रेली के पार से पैदल रौसे आ जाती थी हर मंगलवार को। हाथों में थोड़ी सब्ज़ी ज़रूर लाती थी कैम्प में देने के लिए। कुछ बचा हुआ मिल जाये तो फ़ौरन खा लेती थी और हर जने से यही पूछते हुए लौट जाती थी कि "आख़िर शहीद रामप्रसाद लौटेगा कब?"

शहीद रामप्रसाद?

सन 84 की बात है। बुराथोकी की बेटी चौदह साल की हो गयी थी। उस समय उसकी रामप्रसाद से पहली बार मुलाक़ात हुई थी।

रामप्रसाद का रंग दबा हुआ था। हमेशा प्लास्टिक का सस्ता जूता पहनता था। उसके गले में एक पुराना मफ़लर बँधा रहता था। वह बालों में सरसों का तेल लगाता था। बीच से माँग निकालता था। उस समय उसकी उम्र लगभग 19 की रही होगी। उस समय दोनों की आँखें चार हुईं। फिर दो दिल एक हो गये। वे दोनों साथ भाग लिए और जीवन की दूसरी ईनिंग शुरू करी। अगले साल सन् 85 की शुरुआत में ही एक बेटे को जन्म भी दिया।

ऐसा लगता था, वह समय रामप्रसाद जैसे लोगों के लिए ही था।

दिन भर मेहनत करके दो वक़्त की रोटी आराम से खा लेते थे। परिवार पल रहा था। चेहरे पर थोड़ी–सी हँसी और आँखों में थोड़े–से सपने के लिए जगह बनी रहती थी। जीने के लिए इससे ज़्यादा और क्या चाहिए होता है?

उस समय कल्पना के परे समय बदल गया। आन्दोलन का शोर गाँव तक आ पहुँचा। उसने पहली बार भाषण की सीडी बजते हुए सुनी। उस भाषण के दो वाक्य उसके मन में बस गये। उन वाक्यों ने उसका दिमाग़ घुमा दिया और उसने आन्दोलन में कूदने की ठान ली। घर–द्वार तक छोड़ दिया।

वह पहला वाक्य था, "गोर्खालैंड बन गया तो सूअर भी नूनिया चावल खायेगा।" दूसरा वाक्य था, "घर घर में स्विमिंग पूल बनेगा"। उसने जीवन में न नूनिया चावल खाया था न ही स्विमिंग पूल देखा था। यह दोनों तो उसके लिए सपने जैसे थे। इन सपनों ने ही उसके जीवन प्रवाह की धारा मोड़ दी।

सच में, सपना बड़ी चीज़ होता है।

रामप्रसाद के लिए शुरुआत में तो आन्दोलन आसान ही था। जंगल में पेड़ काटने होते थे। लकड़ी लेकर सड़क पर आना होता था। धीरे–धीरे वही आन्दोलन कठोर बनता चला गया। अब उसे पेड़ काटकर सड़क पर बिछाने पड़ने लगे। इससे सीआरपीएफ का रास्ता रोकना होता था। इसके बाद आन्दोलन ने नया मोड़ ले लिया। सबसे पहले उसने गाँव का प्राइमरी स्कूल जलाया। उसके बाद पंचायत ऑफ़िस जलाया, फिर जलायी लाइब्रेरी। उसे समझ में आने लगा कि आन्दोलन के विरोधी तो गाँव में ही मौजूद हैं। अपने पड़ोसी दिल बहादुर थापा के घर को आग में झुलसा दिया।

अब रामप्रसाद लड़ाकू बन गया। उसके सपनों के रंग और गाढ़े होने लगे। अपना घर भूल गया, अपने बेटे को भूल गया। सब मिट्टी का प्यार था। वह भी हज़ारों और लड़कों की तरह जंगल चला गया।

वह अपने मुँह पर काली पट्टी बाँधकर रखता था। किसी भी दिन चुपके–से घर आ जाता था और शाम ढलने से पहले ग़ायब हो जाता था। घर में रहता तो सीआरपीएफ की रेड का ख़तरा होता था।

वह गाँव के सभी मर्दों की तरह हर समय लापता रहता था।

हाँ, रामप्रसाद का गाँव तो धीरे–धीरे बदलता ही चला गया। सपनों से चहकते गाँव में तो आग की चिंगारियाँ फैलने लगीं। हवा में बारूद की दुर्गन्ध भरी रहती थी।

एक समय था, जब दुनिया की सबसे महफ़ूज़ जगह थी रामप्रसाद का गाँव। उसकी झोंपड़ी जितनी शीतल जगह दुनिया में और कहीं नहीं थी। भूकम्प आये, बरसात आये, धरती खिसक जाये, रामप्रसाद दौड़कर सीधा पहुँचता था अपने घर।

रामप्रसाद के लिए अपना घर विश्वास का एक पहाड़ था।

लेकिन अब वक़्त बदल चुका था। उसका घर ख़ाली हो चुका था। वहाँ न विश्वास बचा था, न सुरक्षा। उसका संसार आन्दोलन में जल रहा था। सिर्फ़ उसका ही नहीं, उसके जैसे हज़ारों गाँव वालों के घरों में सन्नाटा पसरा रहता था। जिन घरों में जीवन बचा था, उनमें महिलाएँ और बच्चे ही बचते थे। जो बचे भी थे, अब उनकी आँखों में सपनों की जगह सीआरपीएफ का डर छाया रहता था।

"सीआरपीएफ कान में बाली पहनते हैं। पैरों में बड़े–बड़े बूट पहनते हैं। जो भी दिखे, उसे लात मार देते हैं। हाथों में राइफ़ल रखते हैं। एक भी मर्द दिख जाये तो गोली मारते हैं, सीधे", इतना समझ आया था बुराथोकी की बेटी को। वह हर शाम अपने बेटे को यही कहानी सुनाती थी। स्यारपी के डर से लड़का बोरी में घुस जाता था और रोते–रोते सो जाता था।

शुरू में रामप्रसाद एन.बी. के गैंग में शामिल हुआ था। उसने गैंग में घुसने के लिए नहीं, आन्दोलन में भाग लेने के लिए छोड़ा था अपना घर। जिसने जो–जो सिखाया, वह वो–वो करता चला गया।

उसकी आँखों में डर नहीं रहता था। जो भी काम दिया जाता झट–से पूरा कर लेता था। एन.बी. के लड़कों को ऐसा ही आदमी

तो चाहिए था। बिना सोचे समझे वह एन.बी. का दाहिना हाथ बन गया। उसे यह बात तब समझ में आयी जब जीवीसी ने मनसोंग के कैम्प पर हमला कर दिया।

उस रात उसे समझ आ गया कि जैसा उसने सोचा था, उससे बिल्कुल अलग चीज़ है आन्दोलन।

आन्दोलन तो सबने मिट्टी के लिए ही किया था। तो रास्ते क्यों अलग अलग हो गये? रामप्रसाद को यह बात कैसे समझ में आती?

पहली बार उसे समझ आ गया कि आन्दोलनकारी भी आन्दोलनकारी पर हमला करते हैं। जिस दिन उसने यह समझ लिया, उस दिन वह सूर्य के गैंग में शामिल हो गया। दरअसल वह कैम्प में ही पकड़ा गया था।

उसकी एक ही बड़ी कमज़ोरी थी। सोने के बाद वह आसानी से उठ नहीं पाता था। इसी कमज़ोरी की वजह से वह फँस गया था।

दर्ज़नों लातें खा लेने के बाद उसे समझ आया कि एन.बी. तो भागकर कफेर चला गया है। उसके लड़के पकड़े गये हैं। कैम्प में सूर्य ने जीवीसी का झण्डा गाड़ दिया है। इसके बाद रामप्रसाद ने अँगूठा लगाकर जीवीसी के सामने औपचारिक सरेंडर कर दिया। वह फुल टाइमर सूर्य का काडर बन गया।

और?

वह हर समय सूर्य के आगे–पीछे घूमता था। सूर्य के साथ जांड भी ख़ूब पी जाती थी। धीरे–धीरे वह अपना घर भी भूल गया। उसने गाँव जाना भी छोड़ दिया।

एक शाम वह कैम्प की ड्यूटी पर था। देसी बन्दूक़ लेकर रात भर तैनात रहा। आधी रात में थोड़ी जांड पी और हल्की–सी नींद लग गयी।

आसमान धुँधला था। लगता था, बारिश होने ही वाली हो। फिर कहीं से ठण्डी हवा बहती आयी। बस उसी समय, कैम्प में

सीआरपीएफ ने हमला बोल दिया। अचानक कोलाहल मचने लगा। रामप्रसाद एकदम से उठा, पर उसकी आँखें नहीं खुलीं। दिमाग़ चल रहा था, पर आँखें खुलने से इनकार कर रही थीं। किसी तरह ज़बरदस्ती उठा। बन्दूक़ उठाने की कोशिश कर ही रहा था कि सामने काले ठूँठ–सा कुछ दिखा। उसके होश फ़ाख़्ता हो गये। तब जाकर थोड़ी–सी आँख खुली। सामने स्यारपी खड़ा था। दोनों की आँखें टकरायीं। एक ज़ोर की आवाज़ सुनायी पड़ी। खोपड़े पर बन्दूक़ का बट्ट जड़ दिया गया। आँखें बन्द हो गयीं, कभी न खुलने के लिए। कान सुन्न पड़ गये, कभी कुछ न सुन पाने के लिए।

आधे घण्टे बाद सीआरपीएफ लौट गये। कैम्प को पूरा तहस–नहस नहीं कर पाये। उसी समय नोर्देन आया और उसने रामप्रसाद को देखा। ख़ून से सना हुआ शरीर ज़मीन पर पड़ा हुआ था। रामप्रसाद शहीद हो चुका था।

सन् 87 में रामप्रसाद का बेटा हँसने–खेलने की उम्र का हो गया था। घर में कुछ भी न होने के कारण मिट्टी में ही खेलता था। कभी–कभी मिट्टी ही खा लेता था।

बुराथोकी की बिटिया देखती थी कि उसका बच्चा मिट्टी खा रहा है, घर में कुछ नहीं मिल रहा है। उससे यह बात सहन नहीं होती थी।

गाँव में अकाल पड़ गया। सोना उगाने वाला गाँव भूखे पेट सोने लगा।

मक्का ख़त्म। कोदो भी ख़त्म। जंगल की सब्ज़ियाँ भी ख़त्म। जंगली नीग्रो की बेल उगते ही तोड़ ली जाती थी। सिसनु में फूल आने भी बन्द हो गये। शुक्र है, दिलबहादुर मगर की बीवी गाँव में ही थी। वह जंगली गिड्डाभ्याकुर पहचान लेती थी। समय समय पर गाँव वाले उसी से अपनी भूख मिटा लेते थे। अब तो वह भी मिलना मुश्किल हो चला था।

गाँव भर में ढूँढ़कर थोड़ा मिला नीग्रो और थोड़ा–सा सिसनु। वही लेकर कैम्प में आयी बुराथोकी की बेटी।

लौटने से पहले ही मौसम बिगड़ गया। बादल छा गये और बरसात शुरू हो गयी। रेली खोला बलखा के बहने लगा। वह नदी पार नहीं कर पा रही थी। काफ़ी देर शाम तक कैम्प में ही रुकी रही।

घर पर बेटे को छोड़कर आयी थी। उसकी याद उमड़कर आने लगी, छाती में एक सैलाब–सा भर आया, जिससे उबर पाना सम्भव न था। वह किसी तरह शाम तक वहीं बैठी रही।

उस दिन मगरनी भाभी जंगल गयी थीं। घर पर उनका छोटा बेटा था। उसी के साथ दिन भर खेलता रहा रामप्रसाद का बेटा।

साँझ होते होते रामप्रसाद के बेटे को भूख कचोटने लगी। पेट में मरोड़ उठने लगे। उसकी आँखें उसी रास्ते पर टिक गयीं जहाँ से उसकी आमा लौटती थीं।

शाम और घनी हो गयी। आमा तो लौटी नहीं। भूख से रो–रोकर वह गिरकर सोने ही वाला था कि मगरनी भाभी के छोटे बेटे के दिमाग़ में एक आइडिया आया। उसने सोचा कि वह घुइयाँ भूनकर उस बच्चे को दे देगा।

आँगन में एक घुइयाँ का पौधा दिखा। उसे उखाड़ा और आग में भूनने के लिए डाल दिया। बच्चे के आँसू थमने लगे।

दस मिनट बाद राख में लिपटी घुइयाँ को आग से निकाला और छीलने लगा। उसे चबाते–चबाते बच्चे की आँखें मिंच जाती थीं। वह कलाई से बहती नाक पोंछता और फिर चबाने लगता था।

पाँच मिनट भी नहीं बीते थे कि बच्चे ने विलाप शुरू कर दिया। घर की दहलीज़ से बाहर जाकर रोने लगा। गर्दन खुजलाते हुए उल्टी करनी शुरू कर दी। मगरनी भाभी के बेटे की आँखों में भी आँसू भर आये। तब जाकर समझ आया कि वह घुइयाँ कहाँ थी, वह तो माने था जिसकी जड़ें विषैली होती हैं।

पूरे दो घण्टे बच्चा रोता रहा। रोते–रोते सो गया। सुबह उठा तब उसे अपनी आमा दिखीं।

घर में खाने के लिए कुछ भी नहीं था। बच्चा रात से ही भूखा था। भूख से आँतें फटने को आ रही थीं। गालों पर बहती नाक से

पपड़ी जम गयी थी। आमा को देखते ही बच्चा उठा और उनकी गोद में दौड़ा। धीरे–धीरे सिसकना शुरू कर दिया।

"क्या खाएगा मेरा बच्चा?" आमा को यही पूछना था पर वह पूछ न सकी। घर में कुछ भी नहीं था। वह सीधे उठी और हँसिया लेकर बाँस के जंगल चली गयी।

एक तामा ऊँचा उग आया था। उसे नीचे से काटा और लेकर घर आयी।

तामा छीलकर राख से धोया। बर्तन में डाला और चूल्हे पर चढ़ा दिया उबलने को। बेटे का माथा छूआ। भूख से बुख़ार चढ़ आया था।

दो टुकड़े उबला तामा खाकर बच्चे की भूख शान्त हो गयी और वह सो गया।

"बच्चे का पेट भर गया", अकाल के समय एक माँ के लिए इससे बड़ी ख़ुशी की बात और क्या हो सकती थी?

वह फिर चल दी जंगल की ओर। कमर पर बाँधी पटुकी में खैनी की पुड़िया खोंसकर रखती थी। वह अब ख़त्म हो चुकी थी। उसे बड़ी ज़ोर–से तलब लगी। बारिश का मौसम था। जंगल में जोंक बहुत थे। वह हाथ में थोड़ा नमक लेकर चली थी इसलिए।

घर में नमक भी ज़्यादा नहीं बचा था। तेल न खाये हुए छह महीने हो चले थे।

"रामप्रसाद अपना घर ही भूल गया?" उसे अपने मर्द की याद आयी और आँसू बह निकले। आज पहली दफ़ा उसे बहुत मुश्किल पड़ रही थी। घर में कुछ भी नहीं था। एक मर्द का सहारा भी नहीं था। आख़िर कब ख़त्म होगा यह मनहूस आन्दोलन?

वह थोड़े जंगली पौधे खोदकर लौट आयी। बच्चा अभी भी नहीं उठा था। शायद बुख़ार से ज़्यादा ही परेशान हो रहा हो? उसने बेटे का माथा छुआ।

"हे भगवान, बच्चा तो ठण्डा पड़ा था।" उसके होश उड़ गये।

वह कल घर में नहीं थी। उसके बिना तो बच्चा कहाँ–कहाँ गया होगा? उसे लगा कि हो न हो, किसी की नज़र लगी है, बच्चे के प्राण सो गये होंगे।

दौड़कर मगरनी भाभी के घर गयी और उन्हें पूरी बात बतायी। भाभी बच्चे को देखने दौड़ीं। वह ख़ुद छुरी लेकर बच्चे के कोमल प्राणों को बुलाने दौड़ी।

शाम हो चली थी। उसने प्राण बुलाना शुरू किया। थोड़ी सीटी बजाती, छुरी से ज़मीन खोदती, पत्थर उठाती और लुँगी में बाँध लेती।

दिन भर बारिश हो रही थी। हवा ठण्डी बह रही थी। वह बहुत डरी हुई थी। उसने इतना डर पहले कभी महसूस नहीं किया था।

"मुर्दा रामप्रसाद!" आज पहली बार उसने अपने आन्दोलनकारी पति को गाली दी थी। उसके हाथ काँप रहे थे।

अचानक एक भारी आवाज़ सुनायी दी। वह आवाज़ चीख़ने और फिर रोने लगी। उसे समझ आ गया कि उसका बेटा अब दुनिया छोड़ चुका है।

"बुख़ार में तामा क्यूँ खिलाया, काँछी?" भाभी छाती पीटने लगीं।

"क्या बुख़ार में तामा नहीं खिलाना था?" उसने पूछने की कोशिश की, पर आवाज़ गले में ही रुँध गयी। बस, आँसू झरते रहे।

उसके दुःख में साथ देने वाली वही मगरनी भाभी थीं जिनका घर रामप्रसाद ने जला दिया था। उसी रामप्रसाद की बीवी अब मगरनी भाभी की गोद में गिरी पड़ी थी।

हाथ–पैर कट जायें। आँखें फूट जायें। कान फट जायें। इन्सान फिर भी जी लेता है, लेकिन सपना न टूटे। उसके बिना तो इन्सान एक ज़िन्दा लाश के सिवा कुछ नहीं।

बुराथोकी की बेटी अब ज़िन्दा लाश बन चुकी थी।

वह रोने चले तो रोती ही चली जाती थी, हँसने चले तो हँसती ही चली जाती थी। जब देखो, कैम्प पहुँच जाती थी और एक ही सवाल पूछती रहती थी, "आख़िर कब लौटेगा रामप्रसाद?"

तीन हफ़्तों तक उसके सवालों को सुनने के बाद नोर्देन ने हिम्मत जुटाकर रामप्रसाद के मरने की ख़बर सुना दी। उसने कहा, "रामप्रसाद शहीद हो गया।"

इसके बाद बुराथोकी की बेटी ने रामप्रसाद के नाम में नया शब्द जोड़ दिया और पूछने लगी, "आख़िर कब लौटेगा शहीद रामप्रसाद?"

लोग उसके सवाल सुनकर हँसते थे। उसकी आँखों में आँसू भर जाते थे और वह कैम्प से लौट आती थी।

आज तो मंगलवार का दिन था।

सोमवार रात भर बारिश होती रही। फिर भी मंगलवार की धुन उसके दिमाग़ पर सवार थी। वह सब कुछ भूल चुकी थी। उसके दिमाग़ में सिर्फ़ दो बातें ही थीं—शहीद रामप्रसाद का नाम और कैम्प जाने का दिन। इसीलिए वह फिर कैम्प की तरफ़ चल पड़ी। आख़िर उसे मरने से पहले शहीद रामप्रसाद से मिलना जो था।

परन्तु ये दो बातें ईश्वर को नामंजूर थीं। न वह शहीद रामप्रसाद से मिल पायी और न ही कैम्प जा पायी। रेली खोला ने उसके सपनों को बहा दिया।

दुनिया के लिए बुराथोकी की बेटी को रेली बहा ले गयी।

"बुराथोकी की बेटी को रेली बहा ले गयी। वह पगलिया मर गयी।" नोर्देन के कानों में ये दो वाक्य गूँज रहे थे।

उसी समय चीफ़ आ गये। आते ही उन्होने बताया, "अब फाइटिंगे फ़ंड ऊपर नहीं भेजना है। अब बन्दूक़ ख़रीदेंगे। असली बन्दूक़। शहीदों के सपनों के साथ मैं खिलवाड़ नहीं होने दूँगा। समझ गये सब?"

दिन में एन.बी. के साथ चीफ़ की बैठक हुई थी। कुछ रास्ता नहीं निकला। पेदोङ्ग में बैठक निबटते ही दोनों गुटों में झगड़ा शुरू हो गया था।

पहले—पहले चीफ़ को दार्जिलिंग ले जाते वक़्त एन.बी. सर्वेसर्वा था। चीफ़ से ऊपर था। जब जीवीसी बनी, चीफ़ हैड बन गये।

उससे पचा नहीं। उसने अपनी ही जीवीसी बना ली और ख़ुद को उसका चीफ़। वह कैम्प बनाता घूमने लगा। जहाँ–जहाँ कैम्प बनाता, वहीं से शिकायत आनी शुरू हो जातीं थीं। फिर असली जीवीसी जाती थी और कैम्प पर क़ब्ज़ा करती थी।

लड़ाई तो दरअसल वर्चस्व की ही थी। यह बात बाद में सबको समझ आने लगी। इसके बाद दोनों गुटों के बीच रस्साकशी शुरू हुई। बुद्धिजीवी वर्ग ने इसके बीच भी एक समाधान निकाल लिया था। दोनों गुटों को बैठक में बुलाया था एक बेहद बुद्धिजीवी इन्सान ने। उन्हीं बुद्धिजीवी महोदय ने झोंक में बात बिगाड़ दी।

एन.बी. से पूछ बैठे, "वह बुराथोकी की बेटी की इ़ज़्ज़त से खेलने वाले तेरे ही लड़के हैं न? सब काण्ड करने के बाद उसे मारकर नदी में फेंक दिया है, क्यूँ?"

यह सुनते ही चीफ़ आगबबूला हो गये। इसके बाद कहाँ से आगे बढ़ती बैठक?

चीफ़ बिदककर बैठक से निकल पड़े और घोषणा कर दी, "अब बनेगा तो गोर्खालैंड ही, वरना कुछ नहीं। काउंसिल के प्रस्ताव पर हस्ताक्षर करने वालों को गोली मार दूँगा।"

"ऊपर कुछ नहीं भेजना है। इस पैसे से अब एसएलआर ख़रीदेंगे।" चीफ़ ने अपनी बात दोहरायी। नोर्देन चुपचाप सुनता रहा। नासिम के कन्धे पर हाथ रखते हुए चीफ़ बोले, "नासिम, अब तुम लोग ही जाना गन ख़रीदने। बहुत ध्यान से जाना। एनबी. के लड़कों को भनक नहीं पड़नी चाहिए।"

उसी पल साँस फुलाते हुए चीफ़ के प्रेस सचिव आये। आते ही सनसनी ख़बर सुनायी, "आज फिर डम्बर चौक में पत्रकार का सिर काटकर लटका दिया है।" वह सिर उसी फ़ोटो पत्रकार का था जिसने चीफ़ की फ़ोटो खींची थी। वह फ़ोटो पिछले ही दिन एक हिन्दी के अख़बार में छपी थी।

चीफ़ फट पड़े, "यह सरासर हमें बदनाम करने की कोशिश है। हम किसी निर्दोष को क्यों हाथ लगायेंगे? यह एन.बी. का ही किया धरा है।"

"अब हर मंगलवार के बाद सिर लटकायेंगे। पोस्टर में लटकाने वाले सिरों की एक लिस्ट भी है।"

"किस–किस का नाम है उस लिस्ट में, क्यूँ?" सूर्य ने काँपती आवाज़ में पूछा।

सचिव ने जेब से कागज़ का एक फटा टुकड़ा निकाला और पढ़ना शुरू किया। तीसरे नम्बर का नाम सुनकर तो नोर्देन सकपका गया।

वह नाम तो शहीद रामप्रसाद तामाङग का था।

नेप्टे मरगिल्ला

एन.बी. के लड़कों ने फिर हमला कर दिया। निर्दोष नेप्टे के गले पर खुकुरी से वार किया।

"उसने ग़लत किया। उस रास्ते से जाना ही नहीं चाहिये था।" सुबह–सुबह कैम्प में नयी चर्चा चलने लगी, "अगर दायें से जाते तो पुलिस का डर था। पकड़े भी जाते तो जेल ही तो जाते। बायें वाल रास्ते में तो एन.बी. के लड़कों का ख़तरा रहता है। जान कहाँ से बच जाती, बताओ?"

काटा नेप्टे को था, मारा नेप्टे को था। घायाल हो रहा था सूर्य। वह रात भर सो न सका। पलकें तक मूँद न सका।

दुनिया में दुखियारों की कमी नहीं है। पर नेप्टे को देखते ही लगता था कि उससे दुखियारा कोई नहीं है, उसके मुख से निकलती आह तो चाय बागान के मज़दूरों की वेदना से भी ज़्यादा भारी होती थी।

उसका क़द गिट्टा था, बिल्कुल चाय की झाड़ी जैसा। उसकी आँखों में बसा सपना बेरंग था, जैसे चाय का फूल, जिसके रंग को तोड़ते, साफ़ करते और बचाते कई जीवन बेरंग हो जाते हैं। उसके सपनों में महल नहीं, झोंपड़ी आती थी। उसके सपनों में एक थाल भात और एक जोड़ी कपड़ों के सिवा कुछ नहीं आता था।

जिस ज़मीन पर उसकी झोंपड़ी खड़ी है, बस उतनी ज़मीन उसकी हो जाये। इसी सपने के साथ वह जी सकता था। मर भी सकता था।

नेप्टे बिल्कुल ख़ाली था। इतना ख़ाली था कि खोने के लिए भी उसके पास कुछ नहीं था। कुछ था तो एक इच्छा। मरने से पहले वह अपना राज्य बनते हुए देखना चाहता था। वह तो पूरी हुई नहीं। उसने खोयी तो बस अपनी इच्छा।

कहिए, कहानी में पैदा होने से पहले ही नेप्टे तो मर गया। है कौन वह?

वह था पूनम का भाई। वही पूनम जिसके लिए सूर्य ज़िन्दा होकर भी मरने को तैयार था। नेप्टे के मरने पर सूर्य की ऐसी हालत होना जायज़ था। वह पूनम की आँखों से बहते आँसू नहीं देख सकता था।

पूनम के अलावा दुनिया में नेप्टे का अपना कोई नहीं था। न धरती थी। न आकाश था। न तलवा भिगोने के लिए पानी था। न कन्धे पर पड़ने के लिए धूप। वह अकेला था, एकदम अकेला।

कष्टों में बड़े होकर उस लड़के का जीवन सड़ियल, मरियल हो गया और वह नेप्टे मरगिल्ला बन गया।

आधे पेट से बना हुआ उसका सूखा शरीर देखकर एक दिन बाग़ान के ठेकेदार ने उससे कहा था, "अबे नेप्टे! तू बाग़ान में काम करने लायक़ है भी क्या?"

उसी दिन से चाय बाग़ान में उसका दूसरा नामकरण हो गया। सब उसे 'नेप्टे' बुलाने लगे।

नेप्टे को आन्दोलन की भीड़ में पूनम ने ही धकेला था। नेप्टे के लिए पूनम ही सब कुछ थी। वही आँख थी जिससे वह देखता आता, वही दिमाग़ थी जिससे वह सोचता था। वही पैर थी जिनसे वह चलता था। जहाँ–जहाँ पूनम चलती, वहीं–वहीं नेप्टे पीछे–पीछे होता था।

धरती पर नेप्टे की पहली साँस उसकी माँ की आख़िरी साँस थी। इसके बाद वह पहली बार चला तो पूनम की उँगली थामकर। उसकी दीदी, उसकी माँ, पूनम ही उसकी सब कुछ थी।

एक दिन नेप्टे चलते–चलते बाँस की मेढ़ पार कर गया। मेढ़ के अन्दर था उसका पहला स्कूल। वहाँ उसने पहली बार अक्षर देखे।

उस मेढ़ के अन्दर पहुँचते–पहुँचते वह नौ साल का हो चुका था।

घर में थी दीदी और बाप। बाप तो संसार में सबसे बड़ा होता है। आमा को नहीं देख पाया तो क्या हुआ, उसके पिता उसके लिए धरती और आकाश थे।

जब वह सूजी की रूखी रोटी लेकर स्कूल जाता था, उसकी दीदी हँसिया लेकर बागान जाती थीं। पिता साइकिल लेकर ऊपर की चढ़ाई को चल देते थे। ऊपर चुइखाम पहुँचते थे, ज़मीन खोदते थे और कोयला निकालते थे। उसे साइकिल पर लादकर नीचे आते थे। वही बेचकर शाम की रोटी का इन्तज़ाम करते थे।

अक्षर पहचानने के छह महीनों बाद उसने पहली बार अपना नाम लिखा। उस दिन उसे एक नयी बात समझ आयी। उसे अपने साथ लेकर चलने वाली दीदी का तो एक नाम भी है, पूनम। उसके लिए दिन–रात पसीने बहाने वाले, कंकाल बन चुके उसके बाप का भी एक नाम है, बुड़ाङ्ग।

बाप का नाम समझने के एक महीने बाद की बात है।

बरखा की झड़ी लगी हुई थी। रुक–रुक कर बरसात होती ही जा रही थी। पिता कोयला खोदने गये थे। स्कूल की छुट्टी थी। वह चूल्हे के पास खेल रहा था। दीदी अचानक दौड़ती हुई आयीं, झोला ज़मीन पर पटका और दहाड़ें मारकर रोने लगीं।

दीदी बेहोश होने ही वाली थी, तब उसे समझ आ गया कि उसके पिता को तो ज़मीन निगल गयी है। कोयला खोदते–खोदते वह धरती में समा गये।

नेप्टे चुपचाप ज़मीन पर खड़ा रहा। उसके आँसू आँखों के कटोरों तक लहर में उठते आये, पर लहर वहीं थम गयी। बहुत देर तक हाथ काँपते रहे।

उस दिन से वह रोना भूल गया। जीवन का बोझ उठाकर चलना सीख गया।

पाँच साल ऐसे ही बीत गये। उसने स्कूल छोड़ दिया। अक्षरों का साथ तोड़ दिया। कोयल: ढोकर ज़िन्दगी को ढोने लगा। बस, उसी समय मिट्टी का आन्दोलन शुरू हो गया। पूनम के साथ वह उसमें उतर गया।

पूनम के लिए भी सब कुछ था नेप्टे, जिसे एन.बी. के गुट ने बेवजह मार दिया था। वह शहीद बन चुका था। आन्दोलन ने पूनम का सब कुछ लूट लिया।

पूनम को बिलखता सूर्य देख न सका। रात भर तड़पता रहा। सुबह उठा और असहाय आँखों से नोर्देन के चेहरे को देखता रहा।

"कह रहे हैं एन.बी. ने हमारे बीच में ख़बरी रख रखे हैं।" नोर्देन ने धीरे–से कहा, "हमारी ख़बरें लीक हो रही हैं। नेप्टे को मारने का कारण भी इसी से जुड़ा बता रहे हैं।"

सूर्य कुछ देर जीभ में दाँत गाड़ते रहे। फिर आँखें भींचीं और माँ कसम खाते हुए बोले, "अब नहीं छोडूँगा एन.बी. को। बस, एक बार उसके ख़बरी का नाम पता चल जाये। गाड़ दूँगा ज़िन्दा।"

हाथ में खुदरा गत्ता लेकर नोर्देन कैम्प से निकल रहा था। दरवाज़े के पास पहुँचकर उसने सिर घुमाया और बोला, "तूने सुना तो होगा न कि पूनम बाग़ान लौट गयी है।"

सूर्य के चेहरे पर अन्धकार छा गया, घना अन्धकार।

नोर्देन सीधा बाहर निकला और नरेन सर के पास गया। उनसे पूछा, "नरेन सर, चीफ़ ने घिसिङ्ग का कार्टून बनाने के लिए कहा है। यह कार्टून क्या होता है?"

"अरे गधे, सारा स्कूल तो गुलेल चलाकर बिता दिया। घण्टा सीखा कुछ?" नरेन सर 'खिस्स' हँसे और बोले, "उसका चित्र बनाने के लिए कह रहे हैं।"

आज कितने महीनों बाद नोर्देन ने चित्र बनाना शुरू किया।

काफ़ी देर कुछ कुछ सोचता रहा। फिर एकाग्र होकर पालथी मारकर ज़मीन पर बैठ गया। दो–चार बार देखा हुआ घिसिङ्ग का चेहरा आँखों में नचाया। फिर दो घण्टे लगाकर घिसिङ्ग का चेहरा बना दिया।

पेंसिल से घिसिङ्ग की टोपी तो बहुत ही सुन्दर बन गयी थी। वह काफ़ी देर उसे देखता रहा। फिर चीफ़ के कमरे की तरफ़ चल पड़ा।

चीफ़ के कमरे में काफ़ी चहल–पहल थी। नासिम, सूर्य और नरेन सर थे वहाँ। पहुँचते ही एन.बी. की बात शुरू हो गयी और उसके बाद राजू सर की।

"इलाइची खेत से वाक़ई पैसा नहीं आया?" सूर्य तुनक रहे थे।

"मैंने ऐसे पैसे वसूलने के लिए मना नहीं किया था तुम सबको?" चीफ़ भी बिदक गये।

"नहीं–नहीं। घर पर पार्टी का कोई भी नहीं था। पलंग के नीचे एक पोटली नोट थे, बस", सूर्य तीन महीने पहली की घटना बता रहे थे, " सारा पैसा कमल ने झोले में डाला था। हमने पूछा तो फ़ाइटिंग फ़ंड बता दिया। एक लाख से कम नहीं थे वहाँ पैसे।"

"क्या किसी और को भी पता था कि नेप्टे हमारे लिए काम कर रहा है?", लम्बी साँस लेते हुए नासिम ने पूछा, "यह भी कमल का ही काम होगा। वह पैसे के लिए कुछ भी कर सकता है। कहीं सीआरपी को ठिकाने बताने वाले आन्दोलनकारी हैं तो कहीं एन.बी. की दलाली करने वाले। अब हम किसका विश्वास कर सकते हैं?"

"15 दिन से ज़्यादा हो गये हैं कमल का अता–पता नहीं है। अब तो एन.बी. के साथ ही होगा। कह नहीं सकते, हथियार लेकर भी आ पहुँच सकता है यहाँ।" चीफ़ भड़क गये, "तुम दो लोग जाओ राइफ़ल लेने। नक्सलबाड़ी में अपने आदमी हैं। उस झोले में पैसे ले जाना। ख़बरदार, एन.बी. के लड़कों को भनक भी न पड़े इसकी।"

"आपके भाई को भी तो निबटा दिया था गुण्डों ने। उस बार जंगल से हथियार लेने जाने वाली बात भी तो लीक हो गयी थी।" नोर्देन ने चित्र चीफ़ को दिखाया, "इस बार तो वे सब मरेंगे। हथियार लेने मैं भी जाऊँगा। नरेन सर लड़कों को सँभाल लेंगे यहाँ। हम तीनों भाई जायेंगे राइफ़ल लेने।"

चीफ़ ने नोर्देन के चेहरे को ध्यान से देखा। थोड़े शान्त होते से दिखे। फिर एकटक नोर्देन के बनाये चित्र को देखने लगे।

अचनाक चेहरे के भाव बदल गये। आँखें मूँद लीं।

"तेरी माँ की चूत, क्या है यह? घिसिङ्ग तेरा राजा है?" चीफ़ की त्यौरियाँ चढ़ गयीं और पैर ज़मीन पर बजाये, "मैंने तो तुझे कार्टून बनाने के लिए कहा था।"

नोर्देन को बात समझ नहीं आयी।

नरेन सर ने समझाया, "कार्टून मतलब आँखें खिंची हुईं, चिपटी नाक, फूला हुआ या बिगड़ा हुआ मुँह। अरे, आदमी की शक्ल देखकर हँसी आनी चाहिये।"

'खी–खी' करते हुए नासिम ने नोर्देन के चेहरे को देखा।

नोर्देन ने थोड़े दाँत दिखाये और बोला, "वैसा तो बनाना नहीं आता है। लगता है, अब तो चित्र बनाना भी भूल चुका हूँ।"

"छोड़ दे यह कार्टून–फार्टून," चीफ़ थोड़े ठण्डे हुए और बोले, "सुबह तीन बजे निकलो जीप लेकर, बहुत होशियारी से। हमारे दुश्मन चारों तरफ़ हैं। एक तरफ़ पुलिस तो दूसरी तरफ़ एन.बी. के लड़के। रास्ते में दारू मत ठोक लेना। समझ गये होगे?"

"नहीं चाहिए कमल जैसा ख़बरी दग़ाबाज़ दोस्त", सूर्य दाँत पीसते हुए बोले। फिर बोले, "हो सके थोड़ा–सा तो पूनम के घर जाते हैं। उसके आँसू पोंछने वाला अब इस दुनिया में कोई नहीं है।"

जहाँ इन्सान का हर एक सपना ग़ैरक़ानूनी हो चुका था, वहाँ एक दुखियारी आँख का दूसरी दुखियारी आँख के आँसू पोंछने का सपना क़ानूनी कैसे हो सकता था? सूर्य को यह बात कहाँ पता थी?

नोर्देन ने कुछ पल सूर्य की आँखों में झाँका।

वहाँ दिखा थोड़ा गुस्सा, थोड़ा आक्रोश, थोड़ी पीड़ा, थोड़ी थकान। थोड़ा प्यार, थोड़ा धोखा और वही ग़ैरक़ानूनी सपना। वह सपना जो इस मिट्टी में हल्के क़दमों से चलना चाहता था।

लँगड़ा नोर्देन

आकाश की रौशनी धरती पर पहुँच नहीं पायी थी। ऊपर भारी बादल छाये हुए थे। मुँह खोलो तो शब्दों से पहले धुआँ निकल रहा था।

नोर्देन ने पुराना गमछा लपेटा। नासिम ने पैसे का झोला उठाया। उसमें कुछ ठीक से रखा और सीधे गाड़ी में बैठ गया। उसी समय पल्ले गाँव से मुर्गे की बांग सुनाई पड़ी।

सूर्य ने काले मफ़लर जैसा कुछ लपेटा हुआ था। कमर में धार तेज़ की हुई खुकुरी थी। उनके पीछे तीन और आदमी थे, नक़ाब पहने हुए। सीधे आये और गाड़ी की पीछे वाली सीट पर बैठ गये।

"उफ़्फ़!" चालक के मुँह से धुआँ निकला। लो, गाड़ी स्टार्ट ही नहीं हुई। पीछे बैठे नक़ाबपोश उतरे। तीन बार धक्का मारने के बाद ही जाकर जीप स्टार्ट हो पायी।

मेन रोड पर सन्नाटा था। पुलिस थाना नींद में ही था। जीप तीस्ता की तरफ़ भागी। तीन माइल पहुँचने ही वाले थे कि पत्थरों के ढेर ने रास्ता रोक लिया। ढेर के पीछे से दो नक़ाबपोश तुरन्त बाहर निकले।

हल्का उजाला होने लगा था। कोने से दो परछाइयाँ भी कूदकर आ गयीं।

"साले, जीवीसी के चोर हैं ये तो", एक परछाई ने आवाज़ लगायी।

"सरेंडर कर दो समझे? वरना शाम को ज़िन्दा नहीं लौट पाओगे। अब बचोगे नहीं!" दूसरी परछाईं ने चिल्लाया।

"अबे मुर्दों! अब मैं तुम सबका ख़ून पीऊँगा", सूर्य गाड़ी से सीधे रोड पर कूद पड़े। उन्हीं के साथ नोर्देन और नासिम भी कूद पड़े। नक़ाबपोश क्या कम थे? वे खुकुरी लेकर कोने की तरफ़ दौड़ पड़े। दोनों परछाइयाँ अँधेरे में ओझल हो गयीं।

"अब तो यह रास्ता नहीं ले पायेंगे शाम को" नोर्देन लम्बी साँस भरते हुए बोला।

नक़ाबपोशों ने रास्ते से पत्थरों को हटाया। गाड़ी फिर भागने लगी। शक़्ल ठीक से देखने लायक़ उजाला होते–होते वे तीस्ता तक पहुँच पाये थे। नदी की ठण्डी हवा कान से टकराने लगी। थोड़ी देर पहले छूटा पसीना अब सूखने लगा।

झाड़ियों से हाइवे की दीवार ढकी हुई थी। बारिश के कारण दो चट्टानें खिसकने को तैयार थीं। तीस्ता नदी ओस की चादर तान कर सो रही थी। नदी के ऊपर ऊपर जीप दौड़ रही थी। बिरिक पहाड़ी पहुँचने ही वाले थे कि एक अधेड़ उम्र की औरत ने गाड़ी रोकने को कहा।

"अबे, क्यूँ रोक रहा है गाड़ी? चढ़ा दे सीधे।" सूर्य ड्राइवर पर चिल्लाये।

ड्राइवर ने गाड़ी धीमी कर दी।

नोर्देन चिल्लाने लगा, "तुझे मरने की इच्छा है क्या? इस चूतिये ड्राइवर को क्या हुआ है? यह तेरी सवारी उठाने की गाड़ी समझ रखी है क्या?"

"अरे नहीं, यह अपनी ही है।" ड्राइवर ने मुँह पर बाँधा कपड़ा नीचे खिसकाते हुए कहा, "यह रेश्मा दी हैं। पूनम के साथ कैम्प आती थीं न?"

पूनम?

सूर्य का चेहरा दमक उठा।

"क्या हुआ है तुझे, दीदी? जाना कहाँ है?" खिड़की से सिर निकालते हुए नासिम ने पूछा।

"जीवीसी वालों के हथियार लाने की बात से तो स्यारपी की हवा निकल गयी है", रेशमा दीदी ने लम्बी साँस भरी। मुँह से भाप छोड़ी और काँपती आवाज़ में बोलीं, "गाड़ी आगे मत ले जाना। पल्ले मोड़ से पुलिस और पार्टी के लड़के राह देख रहे हैं। अब तो हमारा आन्दोलन अन्दर ही अन्दर से मिल चुका है।"

नोर्देन का चेहरा पीला पड़ गया, "अब कहाँ जायें?" रेशमा दी तो कच्चे रास्ते से भाग गयीं। ड्राइवर ने उसी कच्चे रास्ते के मोड़ पर गाड़ी रोक दी। फिर धीरे–से बोला, "आज तो लौटकर नहीं जा सकते। अब तक तो तीन माइल में लड़के जमा हो गये होंगे। अब बचना मुश्किल लग रहा है, लड़कों।"

"चलो, नदी के किनारे–किनारे पहाड़ी के नीचे से चलते हैं। अब कालीझोड़ा पहुँचने वाले हैं। दो–चार घण्टे चले तो बाघपुल तो पहुँच ही जायेंगे।" सूर्य ने सुझाया।

नोर्देन ने गाड़ी से खुकुरी उठायी और नासिम ने झोला। फिर चल पड़े सूर्य दा के पीछे नदी की तरफ़।

अब हल्का उजाला हो चला था। चुप चाप खड़े पेड़ों के अलावा और कुछ नहीं दिख रहा था। नीचे तीस्ता दुःख की आहें भरती हुई बही जा रही थी।

"अब किसी ने देख लिया तो ख़त्म कहानी।" नासिम का मन डर से भारी हो रहा था और वह एक जुंग में चला जा रहा था।

सीधे नदी तक उतर कर जाना सम्भव नहीं हो पा रहा था। पानी की लहरें पहाड़ी के कोने पर थपेड़े मार रही थीं। नदी से थोड़े ऊपर चढ़ाई के रास्ते पर वे सीधे चलने लगे।

काफ़ी आगे तक पहुँच गये थे कि अचानक बारिश होने लगी।

सातों भाई एक बड़ी चट्टान के नीचे छाँव लेने पहुँच गये। लगभग तीन घण्टों तक बारिश होती रही। उसके बाद जाकर कुछ शान्त हुई।

"आओ चलें अब" सूर्य ने पहाड़ी पर धूप को देखते हुए कहा, "12 के ऊपर हो चला है।"

छाँव से निकलकर वे फिर सीधे चलने लगे। अमलीसो के पत्ते अब पानी में भीगकर ख़तरनाक हो गये थे। चलते हुए हाथ लग जाये तो सीधे कट सकता था।

और 20 मिनट ही चल पाये थे कि ऊपर सड़क पर कुछ फटने की आवाज़ सुनाई पड़ी। सातों भाई वहीं अमलीसो की झाड़ी के पास रुक गये, ऊपर की साँस ऊपर और नीचे की नीचे थामे हुए।

अचानक सड़क पर सीआरपीएफ की चहलक़दमी बढ़ गयी। साइरन की आवाज़ गूँजने लगी। सबके पैर जम गये।

"सुन, नीचे नदी पर देख तो ज़रा", सूर्य की काँपती हुई आवाज़ ने सन्नाटा भेदा। एक टोली लड़के नदी किनारे जमा थे।

"ये तो पार्टी के लग रहे हैं, एन.बी. के गैंग के", नोर्देन ने आगे चलने की इच्छा को तो दिन भर के लिए सुला दिया।

"चल, उस चट्टान के कोने में चिपक जा।" सूर्य ने धीरे से इशारा किया।

नक़ाबपोशों के होश नदारद थे। डर से हाथ ज़ोर–से काँप रहे थे। अमलीसो के तनों को बड़ी मुश्किल से पकड़ पा रहे थे। लग रहा था, किसी भी समय सीधे नीचे तीस्ता में ही गिर पड़ेंगे।

जीवन में कभी–कभी ऐसा पल आ जाता है जब इन्सान हर चाहत को भूल जाता है। बस, ज़िन्दा रहने के सिवाय कुछ भी ज़हन में नहीं रहता।

यह वही पल था। पैसा जाये भाड़ में। हथियार आयें या जायें। बस जान न जाये। इसी जान को बचाने के लिए सातों भाई चट्टान के कोने में चिपकने चले।

इस तरफ़ से सीआरपी आ गयी तो? नदी पर एन.बी. के लड़के मिल गये तो? ऊपर सड़क से पुलिस कूद पड़ी तो? उस कोने से फ़ायरिंग शुरू हो गयी तो?

शंका तो संसार के छोर तक भी पीछा नहीं छोड़ती। मन में बैठा डर हर पल इन्सान को अन्दर से कुरेदकर मारता ही रहता है।

इस चट्टान की छाँव दुनिया का सबसे असुरक्षित कोना बन चुकी थी। न निकल सकते थे और न ही ढंग से छिप सकते थे।

"उस गाड़ी को वहाँ छोड़ना बहुत भारी ग़लती हो गयी।" नोर्देन काँपता हुआ बोला, "उसी गाड़ी ने बता दिया कि हम छिपे हुए हैं। अब आगे जाने का सपना मत देखना, लड़कों।"

"तेरी माँ की..। वही तो!" नासिम ने सीधे ड्राइवर की आँखों में देखा। उन आँखों में मौत की दहशत की सिवा कुछ नहीं था। बचने की आशा की एक किरण भी नहीं थी। उन आँखों में ज़्यादा देखने से ख़ुद ही दहशत में गिरने का डर था। नासिम ने किसी तरह आवाज़ निकाली, "अब क्या है उपाय? करें क्या अब?"

नदी किनारे जमा एन.बी. के लड़के दिन भर धूप में बैठे रहे। जब सूरज ढला तब जाकर वे लड़के वहाँ से लौटने को ऊपर की ओर चल दिये।

भूख से व्याकुल हो चुके लड़कों का दिमाग़ भी थक चुका था। कुछ नहीं सोच पाये और वहीं रात बिताने का फ़ैसला किया।

इन्सान संघर्ष, लड़ाई, सब कुछ पेट के लिए ही तो करता है। उस रात ने संघर्ष का विकराल रूप दिखा दिया। न नींद थी, न सपना, न ही कुछ बचा था।

डर, संत्रास, भूख, प्यास और लालच से बड़ा कोई शत्रु नहीं है संसार में। यह रात शत्रु की रात थी।

सुबह होते–होते ही कहीं जाकर लड़कों की आँख लगी। बस, आँखें बन्द की ही थीं कि ठण्डी हवा ने भेदना शुरू कर दिया। आँखें खोलनी पड़ीं। हल्का उजाला हो चला था।

नोर्देन ने धीरे–से आँखें खोलीं। सामने देखा नासिम को घुटने टेके हुए। उसका चेहरा पश्चिम की ओर पलटा हुआ था। वह कुछ सोच में डूबा हुआ था।

"क्या हुआ?" नोर्देन के पूछने के पाँच मिनट बाद वह पलटा। उसके चेहरे की ओर देखा और चुप रहा।

"साले, बन्दूक़ चलाने का सपना तो नहीं देख रहा था?" नोर्देन ने थोड़ा हँसाने की कोशिश की।

नासिम ने लम्बी साँस भरी, "आज मेरे अब्बा का जन्मदिन है। अपने बड़े तो दुःख में ही याद आते हैं न? आज सुबह सपने में अब्बा को देखा।"

"आमा साथ में हैं तो धूप से बचने की छाँव है, अब्बा साथ में हैं तो बारिश से बचने का सहारा है।" नासिम को आन्दोलन से पहले के स्कूल के दिन याद आये। "राजू सर ने सब सच ही सिखाया था। आज जाकर समझ आया।"

नासिम का चेहरा बरसात का भीगा दिन बन गया।

नोर्देन को तो अपने आपा का चेहरा तक ठीक से याद नहीं था, पर उसके साथ आपा की एक याद थी। आपा कभी मिर्ची, कभी अदरक और कभी बैल की छाल लेकर ओदलाबाड़ी बेचने जाते थे। शाम को लौटते थे लईया–गुड़ के लड्डू लेकर। जिस रात वो लौटते थे, वह ज़िन्दगी की सबसे सुन्दर रात होती थी।

सर्दी का एक इतवार था। उसी शाम आपा बैल की खाल बेचने ओदलाबाड़ी गये थे। घिस खोला से जाते हुए उसके आपा फिर कभी नहीं लौटे। वह आख़िरी रात थी जब पूरी रात वह लईया के लड्डू की राह देखता रहा। वह इन्तज़ार कभी पूरा नहीं हुआ।

वह आपा का चेहरा भी भूलने लगा था जब गाँव में शोर मचा कि उसके आपा उसके सर को धमकाकर भाग गये हैं। असम भाग गये हैं कोयला खोदने के काम में।

"सच है, राजू सर ने ठीक ही तो कहा था।" उसने मन में दोहराया, "पिता का न होना मतलब जीवन में दुःख।"

सूर्य जंगली केले का गुच्छा काटकर ले आये। केले अधपके थे।

अचानक नोर्देन के चेहरे पर चमक आ गयी। सामने केले के झाड़ काटकर फेंके हुए थे।

नासिम अब्बा को भूल गया। नोर्देन लईया के लड्डू भूल गया। भूखे रहते अब 24 घण्टे हो चले थे। सब झाड़ी की तरफ़ कूद पड़े।

दस मिनट में झाड़ी साफ़ हो गयी। ज़मीन पर छिलकों का ढेर लग गया।

जंगल सुनसान था। ओस से सभी के बाल सफ़ेद दिख रहे थे।

"आओ, चलें अब", मुँह से भाप निकालते हुए नासिम ने रुपयों का झोला उठाया।

नीचे तीस्ता चुपचाप बह रही थी। ओस और ज़्यादा बढ़ गयी। कान बन्द होने को आ रहे थे। हाथ जमने लगे। जो छुओ, वहीं ओस की पर्त होती थी। कपड़े गीले हो चुके थे। नासिम ने पैसे का झोला पीठ की तरफ़ लटकाया और चलना शुरू किया। सामने की ओर भूस्खलन का छोटा ढेर था।

"अबे, धीरे चल। तू भले गिर भी जाये, पर पैसा न गिरे", नोर्देन ने कहा।

"तेरी माँ की" नासिम पलटा ही था कि ऊपर सड़क से गोलियाँ चलने की आवाज़ आने लगी।

इस समय लड़के कालीझोड़ा की तरफ़ ही लौट रहे थे।

अचानक ऊपर शोर बढ़ गया। लोगों के चिल्लाने की आवाज़ें आने लगीं। गाड़ियों की भी आवाज़ें बढ़ गयी।। लड़के वहीं दीवार से चिपककर खड़े रहे। लगभग दो घण्टे शोर–शराबा चला।

हल्की धूप निकलती–सी दिख रही थी। अब बारिश फिर शुरू हो गयी। रुपयों का थैला बचाना मुश्किल होने लगा था। पास में पत्थरों की ओट भी नहीं थी। भीगते, कुचलते और सँभालते एक लाख रुपयों की गठरी इतनी–सी रह गयी थी।

सुबह खाये ठण्डे केले कब के पच चुके थे। खाने की व्याकुलता बढ़ने लगी।

आसपास थोड़ा सुनसान–सा दिख रहा था। नोर्देन ने ऊपर देखा तो सड़क ज़्यादा दूर नहीं थी। जब आर्मी की गाड़ी दौड़ती थी

तो आवाज़ सीधे ऊपर से आती सुनती थी। अचानक ऊपर से बूटों की आवाज़ आने लगी। सबकी साँस सूख गयी। उन्होंने अमलीसो की झाड़ी में सिर छिपाये और रुके रहे।

"गाड़ी जला दी न? जहाँ दिख जायें, ठोक देना सालों को।" भारी आवाज़ धुँधली होते–होते कानों में पड़ी।

लो, अब तो पार्टी के लड़कों ने गाड़ी भी जला दी! बरबादी का सोग़ और बढ़ गया।

"रेल फाटक चलते हैं", दूसरी आवाज़ आयी "वे उधर से नहीं पार हुए हैं अभी। रात भर बैठेंगे, समझ गये?"

यह आवाज़ तो कमल की ही थी!

गाड़ी स्टार्ट हुई, बूटों की आवाज़ आयी। और गाड़ी दौड़ पड़ी सेवोक फ़ाटक की तरफ़।

गाड़ी के साथ ही किसी के ज़ोर–से रोने की आवाज़ आयी। यह आवाज़ थी ड्राइवर की। वह थोड़ी दूर खुली ज़मीन पर खड़ा था। धप्प–से बैठ गया। घुटनों पर सिर रखा। बिखरे बालों पर हाथ रखे और हुबक–हुबककर रोने लगा।

"रोता क्यूँ है? कम से कम जान तो बच गयी।" नासिम ने धीरे–से कहा, "सूर्य दा, अब और कुछ नहीं हो सकता। रुपये तो कचूमर हो चुके हैं।"

नोर्देन को लगा था कि अब सूर्य फिर फट पड़ेंगे। ऐसा कुछ भी नहीं हुआ। हमेशा चमकने वाले सूर्य इस समय भूख, प्यास और डर से ढल चुके थे।

"इस रास्ते तो मरकर भी नहीं लौट पायेंगे।" काफ़ी सोचकर सूर्य बोले, "ऐसा करते हैं, 27 माइल से केबल की तरफ़ से जाते हैं।"

नोर्देन के पास 'हाँ' बोलने के सिवा कोई चारा नहीं था। ड्राइवर एक दफ़ा जली हुई गाड़ी को आख़िरी बार देखना चाहता था, जो हो नहीं सकता था। वह काफ़ी देर सुबकता रहा।

सूरज ढलने वाला था। अब उल्टी यात्रा शुरू हुई। शाम ढलते–ढलते वे 27 माइल पहुँचे जहाँ बूढ़ी केबल की रस्सी रुआँसी पड़ी थी, बिल्कुल चुपचाप।

उनके कुछ पल बहती नदी के संगीत के साथ आहें निकालते हुए बीते। तीस्ता की आवाज़ तो इतनी भारी होती थी कि और कोई भी आवाज़ सुनाई नहीं पड़ती थी। काफ़ी देर बाद पल्ले कोने में कोई दिख पड़ा। सूर्य ने इशारा कर दिया। लड़कों ने खींचा और सामान ढोने वाला बक़्सा लहराता हुआ इस पार आ पहुँचा।

"एक बार में सब नहीं जा सकते।" नोर्देन धीरे–से बोला, "नासिम, तू पैसे लेकर चढ़ जा। कोई आ गया तो हमें तैयार रहना पड़ेगा।"

नासिम फिर बली का बकरा बन गया।

"मैंने बेक़ार में ही पैसों की ज़िम्मेदारी ले ली।" नासिम ने मन–ही–मन सोचा और डगमगाते पैरों से चल पड़ा। उसके आगे नक़ाबपोश था। किसी तरह कँपकँपाते पैरों को सँभालते हुए नासिम बक्से में चढ़ा।

सूर्य ने आह भरी। बक़्सा केबल की रस्सी से उस ओर पहुँच गया। इस तरफ़ आया तो उसमे सूर्य, नोर्देन और ड्राइवर चढ़ गये। हिलते–हिलाते केबल बक़्सा तीस्ता के उस पार पहुँच ही गया।

इतना तो आप मानेंगे ही कि अब इन सातों भाइयों की मरने से ज़्यादा बचने की सम्भावना अधिक थी।

***

कितना घना जंगल था!

तीस्ता पार करते ही ऊपर का रास्ता संकरा हो गया था। शाम भी गाढ़ी हो चली थी। घने जंगल में अँधेरा पूरा ही उतर आया।

थोड़ा चलने के बाद उन्हें एक नाला दिखा। खाने के लिए कुछ भी नहीं था। कपड़े भीगकर भारी हो रहे थे। शरीर से बदबू आ रही थी। वहाँ एक चट्टान का कोना था जो उन्हें आसरा दे सकता था।

नासिम कोने में गया। पैसों का थैला खोलकर देखा। कोई रुपयों की हालत देख लेता तो ज़रूर पूछता, "ऐसे मरियल पैसों से ख़रीदी बन्दूक़ क्या सच में चल सकेगी?"

भीगे हुए नोटों पर गाँधी रोते हुए नज़र आ रहे थे। नासिम नोटों को एक–एक करके अलग कर रहा था, जैसे प्याज़ की परतें उतारते हैं। नोट ऐसे चिपके हुए थे कि मर जायें, पर अलग न हों।

"अब खाओगे क्या सब?" नोर्देन ने ऊपर की ओर देखते हुए सिर खुजलाया।

नक़ाबपोशों ने मुँह पर बाँधी पट्टी दिन में ही उतारकर फेंक दी थी। उसी का टुकड़ा सिर पर बाँधा हुआ था। वे तीनों ज़मीन पर धप्प–से बैठ गये। उसी टुकड़े से पानी चूता हुआ गले से टपक रहा था। तीनों ठण्ड से ठिठुर रहे थे।

"ऐ गाँडुओ, जाओ वो केले का झाड़ काट कर लाओ।" सूर्य ने उत्साह दिखाते हुए कहा, "उसका तना खा लेंगे। आज की रात तो कट जायेगी।"

नक़ाबपोश लड़के बेमन से खुकुरी लेकर गये। केले का झाड़ उखाड़ा और तना लेकर चट्टान के नीचे आये।

"उस दिन बेक़ार ही राजू सर के घर गया मैं।" नासिम रुआँसा हो रहा था, आँसू बहने को थे। उन्हे सँभालते हुए बोला, "अब बच गये तो एलएफ में सरेंडर करना ही ठीक होगा।"

"तेरी माँ की...। सरेंडर करेगा?", सूर्य में तपिश बाक़ी थी अभी। "इससे तो लाख बेहतर है कि मर जायें। लोगों के विश्वास से ग़द्दारी नहीं करेंगे। आख़िर इतने लोग किसलिए मरे हैं? काउंसिल के लिए?"

"बच तो जायेंगे?" नक़ाबपोश की अब आवाज़ निक़ली, "मैं तो अभी तक सिंगल हूँ। किसी को छुए बिना ही मर जाऊँगा क्या?"

"अबे, मैंने छुआ है क्या?", सूर्य बोले, "अब इसी वक़्त मर गये तो बचेगा बस नोर्देन का लड़का। हमारा क्या बचेगा? इसने ठीक किया। अपनी औरत को भी घर भेज दिया है, क्यूँ?"

आज कितने दिनों बाद नोर्देन को अपने बच्चे की याद आयी, रिपपन्दी की याद आयी।

"बचकर मिलेगा क्या उसे? मेरे जैसे दुःख ही तो भोगना होगा उसे भी। न मुझे अपने आपा का चेहरा पता है, न मेरे बेटे को मेरा चेहरा पता होगा।"

सब चुपचाप रहे।

नोर्देन ने मन–ही–मन सोचा, "मेरे सपने में आज तक नहीं आये आपा। मैं मर गया तो मैं भी अपने बेटे के सपने में कभी नहीं आऊँगा।"

उसका मन खट्टा हो गया। नासिम की ओर देखा, वह नोटों को अलग करने में लगा था।

पत्थर से पीठ लगाकर सूर्य कुछ सोच में डूबे थे। उनकी आँखें मुँदी हुई थीं। नोर्देन के चेहरे पर अमावस का चाँद उतर आया।

नक़ाब वाले लड़के केले का तना चबाने में लगे थे। बारिश फिर शुरू हो गयी।

उस रात किसी की भी आँखों में नींद नहीं आयी। बस, सपने ही तैरते रहे। वे सपने दुःख में जन्म लेते थे और दुःख में ही अन्त होते थे।

वह दुनिया की सबसे काली रात थी।

हज़ारों बार आँखें बन्द करने की कोशिश करते–करते उजाला हो आया। उसे देखते हुए सूर्य चट्टान की छाँव से धीरे–से बाहर निकले।

"आओ चलें," सूर्य ने आशा की मद्धम–सी किरण दिखायी, "हम नजोक के पास पहुँच गये हैं। अब बच जायेंगे, लगता है।"

और?

अब दूसरे दिन का चलना शुरू हुआ। ये ऐसे लड़ाकों की यात्रा थी जो भूख और प्यास से हार चुके थे, जिनकी आँखें सपनों से नहीं नींद से बोझिल थीं।

इनके पास कुछ नहीं था–न चलने के लिए रास्ता, न दौड़ने के लिए साहस और न ही पहुँचने के लिए लक्ष्य।

मौसम खुलने लगा। पहाड़ पर थोड़ी धूप उतर आयी। लड़के नाजोक तक पहुँच गये।

पास में एक डेरे जैसा दिख रहा था। सामने की ओर एक पुराना काठ का घर था। भीतर से धुआँ आता दिख रहा था।

"चाहें खुकुरी दिखाकर ही क्यों न डराना पड़े, यहाँ से कुछ तो खाना ही होगा।" सूर्य ने घोषणा की।

नक़ाबपोशों ने फिर काली पट्टी मुँह पर बाँध ली। नासिम उनके पीछे चल रहा था, सूर्य और नोर्देन आगे गये। घर को घेर लिया और चिल्लाये, "घर में खाने को जो हो वो दे दो। हम आन्दोलनकारी हैं। तीन दिनों से भूखे हैं।"

अन्दर से एक बूढ़ा व्यक्ति खाँसता हुआ बाहर निकला। सूर्य की आँखों में देखा और बोला "यह मेरे भाई का घर है। यहाँ खाने को कुछ भी नहीं है। मेरा घर होता तो सिमल तरुल दे सकता था। तुम लोग सुरक्षित नहीं हो। कल रात से एलएफ वाले खुकुरी लेकर घूम रहे हैं। तुम्हें ही ढूँढ़ रहे हैं।"

सूर्य के दिमाग़ की बत्ती बुझ गयी। नक़ाबपोशों की पट्टियाँ शर्म से खुल गयीं।

नोर्देन ने सँभालने की कोशिश करी।

"नहीं–नहीं, हम एलएफ के ही हैं। घिसिंग को पैसा पहुँचाने जा रहे थे, रास्ते में स्यारपी ने रोक लिया। इसीलिए तो यहाँ भागकर आये हैं।"

बुजुर्ग का चेहरा धुँधला गया।

"मुझे चलाने की कोशिश व्यर्थ है। मैं गाँव बूढ़ा हूँ यहाँ का।" आँखें मींचते हुए वो बोले, "इतना तो मैं समझ रहा हूँ। तुम सब जीवीसी के हो। एलएफ वाले तुम्हें ही ढूँढ़ते घूम रहे हैं। मेरी बात मानते हो तो थोड़ा रुको। मैं मक्का भूनने का कुछ प्रबन्ध करता हूँ।"

उन्होंने भीतर किसी को आवाज़ लगाई, "काइला, इनके लिए मक्का भूनो जल्दी।"

नासिम को बुजुर्ग का व्यवहार भा गया। भूखे को एक वक़्त का खाना देने वाला ही तो अपना होता है। मन में अपनापन लिए वह पास आया और उनसे पूछा, "तुम कौन–से ग्रुप के हो, जीवीसी के या एलएफ के?"

भुना हुआ मक्का आ गया। पट्टी खोल नक़ाबपोश उसे चबाने लग गये।

बुजुर्ग मुस्कुराये और बोले, "मंगलवार शाम को मिट्टी का नारा लगाकर घर जलाने को भड़काने वाले बुधवार सुबह कम्युनिस्टों को गले लगाये सिद्धान्तों की दुहाई देते घूमते हैं। गुरुवार देश–प्रेम के नशे में आरएसएस की शाखा में डंडा घुमाते फिरते हैं। शुक्रवार आते–आते उबलते, धर्मनिरपेक्षता की बोली बोलते कांग्रेस के पोस्टर चिपकाने डम्बर चौक पहुँच जाते हैं। वहाँ से थोड़े पैसे मिलते हैं तो शनिवार हाट से सामान भरा और सीधे घर। ऐसे नेताओं से हम क्या आशा रखें?"

"बिऩ पेट का जानवर ही राजनीति में ईमानदार हो सकता है", उन्होंने समझाया, "आन्दोलन के नाम पर तुम सबने जो त्याग किया है न, उसी त्याग का फ़ायदा नेता उठा रहे हैं। उनकी राजनीति चमक रही है। समझे कुछ?"

खाँसते हुए वे ऊपर को चल दिये। थाली का मक्का भी ख़त्म हो गया।

लड़के बात नहीं समझे। चल पड़े जंगल की ओर।

कुछ समय चलने के बाद नाजोक के जंगल में सूरज की हल्की किरणें दिखने लगीं। तीन दिनों के बाद दिन में कुछ रौशनी दिखाई दी थी। सूर्य के चेहरे पर थोड़ी–सी चमक दिखी। ड्राइवर का चेहरा तो अँधेरे से दबा हुआ था। उसमें चमक रहा था तो शोक, अपनी बर्बाद हुई गाड़ी को आख़िरी बार न देख पाने का। नासिम के चेहरे पर नोटों को सुखाने की चाहत पूरी होने की उम्मीद बनी हुई थी।

"अबे, भागोगे कहाँ सालो?" कहीं से ऊँची आवाज़ सुनाई पड़ी।

हो गया सत्यानाश! लड़के फँस गये घेरे में।

अचानक सब अन्धकार में डूब गया। पूरी शून्यता छा गयी। ख़त्म सब अब।

नक़ाबपोशों ने हाथ खड़े कर दिये। सूर्य ने खुकुरी निकाल कर ज़मीन पर रख दी। नासिम झोला खोलने में हिचक रहा था।

एक दाढ़ीवाला आगे आया और झोला माँगा। नासिम ने एक लाख तीस हज़ार रुपये उसके हाथ में रख दिये और चुपचाप घुटने टेक दिये।

दाढ़ीवाले के पास लड़के कम नहीं थे। दो दर्ज़न से ज़्यादा लड़के थे, खुकुरी लिए हुए। रस्सी लाये थे। एक–एक करके सातों को बाँधा गया और चढ़ाई पर चलाना शुरू किया गया।

शाम होते होते एक गाँव दिखा। दाढ़ीवाले ने आदेश दिया, "इन्हें कल कफ़ेर ले जाना है। आज रात चिवड़ा खिलाकर यहीं रखो। भागने को कोशिश करेंगे साले। गार्ड करना रात भर। अभी के लिए रस्सी खोल दो।"

कफेर?

वहाँ सेलुङ्गे पहाड़ पर तो ख़ून की होली खेली जाती है। वहाँ जाने का मतलब तो सिर्फ़ मौत है। कुछ समय पहले चीफ़ के भाई को भी तो वहीं काटा गया था। नासिम के परखच्चे उड़ गये।

नोर्देन ने बहुत बार चिंटू और मिंटू की कहानी सुनी थी। दोनों गाते थे। सुरीला गाते थे। वह जीवीसी के थे, पकड़े गये थे। आधा शरीर ज़मीन में गाड़कर उनसे रात भर गाना गवाया गया था। फिर सुबह गोलियों का खेल खेलकर उनके सिर उड़ा दिये थे।

"अच्छा, आदमी का मांस खाने वाल तू ही है न?" एक मज़बूत लड़का आगे आया और सूर्य की पीठ में दो लातें जड़ दीं, "बता न मुझे भी, कैसे लगता है आदमी का मांस खाना?"

सूर्य गुस्से से फट पड़े, "छी, साला दल्ला!" पूछने वाले के मुँह पर थूक दिया।

इसके बाद क्या होना था? बँधे बैल को जैसे कूटते हैं, वैसे ही पीटे गये। नासिम का सिर काटा गया, ख़ून बह चला। सूर्य की आँखें बन्द थीं।

नक़ाबपोशों की हालत तो और ख़राब थी। उसी समय उनका एक और लीडर आ गया।

"अब हो गया, इनके हाथ खोल दो।" दाढ़ीवाले ने आदेश दिया। सब ज़मीन पर बोरियों की तरह गिरे।

नोर्देन को पानी की बेइंतहा ज़रूरत उठी। किसी तरह सिर उठाया और हल्की आवाज़ में बोला, "पानी...।"

"ले, पी ले पानी", एक लड़के ने उसके सिर पर मूत दिया।

"दे दे न इन्हें पानी।" ऑर्डर देने वाले की आवाज़ पहचानी–सी लगी। बड़ी बेचारी–सी आवाज़ थी। नोर्देन से रहा नहीं गया। किसी तरह सिर उठाकर देखा।

हे भगवान! वह तो सुबह वाला बूढ़ा ही था जिसने मक्का खिलाया था।

किसी ने एक प्याला पानी दिया। नोर्देन कुछ कहना चाहता था पर आवाज़ नहीं निकली।

उन्हें गाय के तबेले में रखा गया था। चारों तरफ़ मक्के का पराल था। ज़रा हिले कि आवाज़ आयी।

पानी पीने के आधे घण्टे बाद नोर्देन ने सूर्य को हिलाया। सूर्य ने हल्का सिर उठाया।

नोर्देन बोला, "हमें पकड़वाने वाला तो वही बूढ़ा है जिसने मक्का खिलाया था।"

नासिम के सिर से ख़ून बहना कुछ कम हो गया था। उसने भी सिर उठाया और भकभकायी आवाज़ में बोला, "कफ़ेर जाना मतलब मरना। अब तैयारी कर लो।"

सूर्य ने दरवाज़े की ओर देखा और धीरे–से बोला, "अभी मरने का नाटक करो। सुबह यहाँ से सीधे छलाँग लगाकर भाग निकलेंगे।"

ड्राइवर ने मरी–सी आवाज़ में बोला, "मेरा तो पैर ही टूट गया लगता है। मैं तो भाग भी नहीं पाऊँगा। अब मैं क्या करूँगा?"

वह फिर से रोने लगा।

आवाज़ बाहर पहुँच गयी थी। एक ठिगना लड़का अन्दर दौड़ते हुए आया और डण्डे से सबकी पीठ सेकी।

फिर से सबकी साँस सूख गयी।

पिटकर भी क्या बिगड़ा था? तीन दिनों बाद गरम जगह में सोने को मिल रहा था। आँखों ने खुला रहने से इन्कार कर दिया। सब सो गये। जब सूर्य ने आँखें खोलीं तो उजाला ज़मीन तक पहुँच गया था। उन्होंने नोर्देन को हल्के से हिलाया।

"कुत्ते, साले!" नोर्देन ने मन–ही–मन में बोला।

बगल में कोई बातें कर रहा था। नक़ाबधारी लड़कों ने दुश्मनों के साथ दोस्ती बढ़ा ली थी। नज़र रखने आया लड़का तो पहले जीवीसी में ही था। वह तो आराम से गप मारने लगा।

लड़कों के उठने के बाद गार्ड करने वाला लड़का बाहर चला गया।

"हमें तो ऐसा कुछ नहीं करेंगे पर सूर्य, नासिम और नोर्देन को छोड़ने वाले नहीं हैं।" नक़ाबी ने राज़ बताया, "तुम तीनों भाग निकलना, मैं इन्हे बातों में उलझाता हूँ।"

"मगर कैसे?" नासिम ने अपनी ज़िन्दगी का सबसे गम्भीर सवाल आज पूछा।

तबेले में नक़ाबी का दोस्त फिर आ गया।

"मैंने बात कर ली है। तुम सब सरेंडर कर दोगे, बता दिया है", उसने आँखें मिचकायीं और बोला, "सुपारी खायेगा?"

"ला, दे", नक़ाबी लड़का धीरे–से उठा।

"कितना कूटा तुम सबने कल? तूने भी कसर नहीं छोड़ी कल तो।" वह बोला, "अब टट्टी भी यहीं करें क्या?"

"वहाँ जा।" गार्ड ने बनमारा की झाड़ी की ओर इशारा किया।

नक़ाबी लड़खड़ाता हुआ बाहर निकला। "साला, कहाँ भाग रहा है?" कोई ज़ोर–से चिल्लाया। लड़कों की भीड़ तुरन्त जमा हो गयी।

"हग सकते हैं, सर?" नक़ाबवाले की आँखें चकराने लगीं।

"हालत देखो ज़रा इसकी।" मक्का भूटने वाले बुढ़ऊ ज़ोर–से हँसे और उधर पलट गये। बाक़ी सन्तरी भी उसकी हालत पर ठहाके लगाने लगे।

"अबे, लड़कों, मारो कल्टी", सूर्य ने आवाज़ लगायी और तबेले से सीधे तीन खेत नीचे छलाँग लगा दी। उनके साथ कूदा नोर्देन और उसके साथ नासिम। ड्राइवर भी एक खेत नीचे कूदा पर भाग न सका। वह धर लिया गया। लँगड़ाता हुआ दहाड़ें मारकर रोने लगा।

दो नक़ाबी लड़के आँखें फाड़े देख रहे थे। हगने की बात करने वाले को लड़कों ने घेर रखा था। आधे लड़के भागने वालों के पीछे भागे। देखते ही देखते सूर्य, नोर्देन और नासिम जंगल के अन्दर घुस गये।

पीछा करने वाले लड़कों को खुकुरी उठाने का समय ही नहीं मिला। पत्थर उठाकर फेंकते हुए वे उनका पीछा कर रहे थे।

वे पूरे डेढ़ घण्टे दौड़े। तब जाकर रेली नदी का किनारा दिखा।

सूर्य अगली ऊँचाई से सीधे कूद पड़े। उनके साथ नोर्देन ने भी छलाँग लगाई। नासिम ने भी आँखें बन्द करके छलाँग लगा दी।

नासिम जहाँ कूद कर गिरा था, वहाँ से उठ नहीं पा रहा था। उसके जूते को भेदते हुए पत्थर ने पैर घायल कर दिया था। ख़ून निकलने लगा। उस गड्ढे में बैठा वह रोने लगा।

तीन दिनों की बरसात से रेली नदी का पानी पूरा बढ़ गया था। जो भी हो, जान बचाने के लिए तो उसे पार करना ही था। सूर्य सीधे नदी में कूद पड़े। तैरते–तैरते उस पार पहुँच गये।

नोर्देन ने उस पार सूर्य को देखा। फिर इस पार ज़मीन पर बैठे रोते नासिम को देखा।

"भाग–भाग", नासिम ने हाथ से इशारा किया। नोर्देन सीधे पानी में कूद पड़ा। एक पल तो तैरने को हाथ चलाये। फिर पानी ने आगे बढ़ने नहीं दिया। दो गोलाई नीचे तक बहा ले गया।

सूर्य धीरे–धीरे चढ़ाई पर चलने लगे।

पीछा करने वाले लड़कों ने ऊपर से काफ़ी देर तक सूर्य को देखा। छलाँग लगाने की हिम्मत नहीं जुटा पाये। वहीं से वापस लौट गये।

और?

पानी में बहता नोर्देन अब जाकर किनारे पर पहुँचा। उसका पैर लँगड़ा हो गया था। बायाँ पैर तो बोझ बन रहा था। फिर भी जान हाथ में ही थी। उसने भागना नहीं छोड़ा। लँगड़ाता हुआ नदी के किनारे–किनारे दौड़ता रहा।

धीरे–धीरे उसका लँगड़ा पैर आँखों से ओझल हो गया।

पैरों की चोट लिए नोर्देन के ग़ायब होने के बाद तो आन्दोलन ही लँगड़ा हो गया।

***

दार्जिलिंग में कोई अलग राज्य नहीं, हिल काउंसिल बन गया।

आख़िरी कथा

"मैंने नोर्देन को आख़िरी बार उसी दिन देखा था।" मुर्गे की बांग के साथ दाढ़ीवाले ताऊ जी ने कहानी को अंजाम तक पहुँचाया, "अब ख़ुद ही बताओ तुम दोनों, नोर्देन बचा होगा या मरा होगा?"

दरअसल मैंने जिस सवाल के जवाब में रातभर आँखें खोली रखीं, उनकी पूरी कहानी सुनी, उन्होंने अन्त में उसी सवाल में मुझे उलझा दिया।

यह क्या बात हुई? जम्हाई लेता हुआ मैं रिपदेन की तरफ़ पलटा।

घर के सामने लाल फूल खिले हुए थे। चाँद की रौशनी में फूलों की परछाईं हिलती दिख रही थी। बार–बार हवा का झोंका दरवाज़े को खटकाता हुआ आ जाता था। ठक–ठक की आवाज़ सीधे कानों में आ रही थी बार–बार।

मन में आँधी उठी हुई थी। गला सूख रहा था। चूल्हे पर रखी केतली उठायी, दो घूँट पानी पिया और खिड़की को थोड़ा–सा खोलकर बाहर देखा। भरभरा के हवा कमरे में घुस आयी। रिपदेन की फुरफुरी छूट गयी।

मैंने उसके चेहरे को देखा। कहानी में मिले नोर्देन की झलक देखी। ऐसी ही तो रही होगी उस लँगड़े नोर्देन की सूरत, जो लँगड़ाता हुआ नदी के किनारे–किनारे दौड़ रहा था।

"घण्टे की तरह क्या देखे जा रहा है मुझे? सो गया है क्या?" रिपदेन ने एक लात मारी और बोला, "अबे, खिड़की बन्द कर। ठण्डी हवा घुस रही है।"

मैंने खिड़की बन्द कर दी। दायीं ओर देखा तो ताऊ जी कहानी ख़त्म करते ही लेट गये थे। उनका चेहरा देखा। उनकी साँस घर की बाँस की दीवार से टकराकर सीधे मेरे कान पर आ रही थी। मैंने धीरे–से सर उठाकर उनकी आँखों में देखा। अचानक हमारी आँखें लड़ गयीं। मैंने जल्दी–से सिर दरवाज़े की ओर घुमा लिया। पुरानी दारू की बदबू आ ही रही थी। मैंने कम्बल खींचकर नाक ढक ली।

मेरी आँखों में नींद नहीं, एक सपना था। वह सपना लँगड़ाता हुआ नदी के किनारे–किनारे दौड़ लगा रहा था।

रिपदेन के आपा की पूरी कहानी सुनाने वाले यह ताऊ कौन होंगे? अचानक दिमाग़ में आया। कम्बल नीचे किया, उनकी तरफ़ पलटा और आँखों में देखते हुए हिम्मत करके पूछ ही लिया, "ताऊ जी, वैसे आप कौन हैं, बताइये न?"

उन्होंने लम्बी जम्हाई ली, दो बार खाँसे फिर बोले, "मैं ताऊ जी नहीं हूँ, चाचा हूँ। मुझे नासिम चाचा बोलो। समझे?"

नासिम चाचा?

मेरा मुँह खुला का खुला ही रह गया। मैं वैसे ही सो गया।

जो दिमाग़ में बसा होता है, सपने में भी वही आता है।

मैंने सपने में देखना शुरू किया नदी का किनारा जहाँ मैं बिल्कुल अकेला था। पैरों में चप्पल तक नहीं थी और पत्थर चुभे हुए थे। अचानक किसी ने पीछे से आकार एक लात मार दी। मैं सीधे पानी में गिर गया।

"साला, किसने धकेला मुझे पानी में?"

आँखें खोलीं तो पाया कि मैं तो चूल्हे में ही हूँ। रिपदेन ने मुँह पर पानी के छींटे मारे हैं। लात भी उसी ने जड़ी थी।

"घर नहीं जाना है बे गाँडू?" हँसते हुए मुँह साफ़ करता हुआ वह बोला, "दस बजने को हैं। कब से उठा रहा हूँ?"

मैंने कम्बल फेंका और उसके चेहरे को ध्यान से देखा। अभी अभी इसकुस की जड़ तोड़ कर लाया है। मिट्टी ही मिट्टी लगी हुई थी चेहरे पर।

धीरे–से सिर घुमाया और नासिम चाचा की ओर देखा। अरे, वह तो पहले ही उठ कर कहीं जा चुके थे।

***

11 बजे हम भी लौटने को चल पड़े।

हाथों में इसकुस की गठरी थी, जेब में मेरी बिस्कुट। सिनजी पहुँचने ही वाले थे कि मेरी चप्पल का स्ट्रैप टूट गया।

रिपदेन भागकर जंगल में गया। जंगली बेल ले आया और चप्पल बाँध दी।

मैं ठक–ठक करके चलने लगा।

"सुन, तुझे तो अब पढ़ाने के लिए शहर ले जायेंगे।" उसने धीरे–से कहा, "रह लेगा मेरे बिना तू?"

रास्ते में घना कोहरा जमा हुआ था। आगे कुछ भी नहीं दिख रहा था। वही कोहरा सीधे मेरे मन के अन्दर आकर जम गया। दिमाग़ में एकदम अँधेरा छा गया।

मुझे नोर्देन की शहर जाने की कहानी याद आयी। क्या रह लूँगा मैं रिपदेन के बिना? कुछ भी नहीं सोच पा रहा था। मन के भीतर का कोहरा अब आँखों से बरसने लगा।

"ये चुदुवा तो एकदम दुखियारा है। ख़ाली रोता रहता है" उसने हँसते हुए कहा, "मैं तो अब नहीं पढ़ूँगा। बटायीदारी पर अदरक उगाऊँगा। बकरे पालूँगा। गाय–बकरे पालकर मैं काम चला लूँगा। मेरे शरीर पर तो बहुत बाल हैं। मुझे मवेशी पालकर फ़ायदा होगा।"

मेरी आँखें पिलपिलायी हुई थीं। मुँह से शब्द ही नहीं निकल रहे थे। मैं चुप रहा। वही बोल रहा था, "तू पढ़। पाँचवीं कठिन होती है, छठी आसान, फिर सातवीं कठिन, आठवीं आसान। इसके बाद बस नवीं ही कठिन है, दसवीं तो आसान है। ले, तेरा फ़ाइनल भी पास हो जायेगा और तू लेखक भी बनेगा।"

"किसने बोला तुझे ये सब?" मैं अचरज में पड़ गया, "मेरे दादाजी भी ऐसा ही कहते हैं।"

"मेरे अकु ने कहा है।"

"तेरे चाचा कहाँ तक पढ़े हैं?"

"मेरे अकु?" वह कुछ देर सिर खुजलाता रहा, फिर थोड़ा खाँसा और बोला, "क्या मालूम? अपना नाम तक तो लिख नहीं पाते हैं बुढ़ऊ।"

"बाप रे!", मुझे दादाजी की कहानी याद आयी और बोला, "लेकिन कहते हैं कि उस ज़माने की दूसरी और आज की आठवीं बराबर होते हैं न?"

यह हिसाब–किताब उसके पल्ले नहीं पड़ा। इसीलिए चुपचाप आगे चलता रहा।

शाम चढ़ते–चढ़ते हम ज़ोरलाइन से ढलाई पर उतरे। दलपचन्द पहुँचते पूरा अँधेरा हो चला था। बिगा पहुँचते–पहुँचते चाँद निकल आया था।

चाँद ने मुझे गुरुमा की सिखायी पंक्तियाँ याद दिला दीं–

"सिर्फ़ रौशनी के पीछे मत भागना। अगर अँधेरा न होता तो दुनिया में सबसे सुन्दर चाँद तो दिखता ही नहीं।"

एकदम सही तो है। भरपूर रौशनी देखने वालों को थोड़ा अँधेरा चाहिए ही होता है।

"अबे, आज तो पूर्णिमा है। भूत चिपट जायेंगे। जल्दी स्वेटर उतार कर उल्टा पहन ले।" रिपदेन अपने कपड़े उल्टे पहनता हुआ भयभीत स्वर में बोल रहा था, "सुनते हैं, पीपलडाड़ा में आदमी लटककर मरे थे। वहाँ अमावस और पूर्णिमा को भूत दिखते हैं। इसलिए कपड़े उल्टे पहनकर चलना होता है। समझा कुछ?"

मैंने अपना स्वेटर उल्टा करके पहन लिया। दिल की धड़कनें बढ़ने लगीं। घुटने काँपने लगे। चाँदनी में भी ठीक से दिखना बन्द होने लगा।

"भूत सामने आ गया तो क्या करेगा, बोल?" रिपदेन ने कान के पास आकर पूछा।

मैंने तो आज तक भूत देखा नहीं था। देख लेता तो करता क्या? दिमाग़ में सन्नाटा छा गया, मुँह से आवाज़ नहीं निक़ली।

"अबे, गाली देनी पड़ेगी, समझा? हमारे अकु भी ऐसे ही बचे थे। जाहिल के साथ तो भूत भी नहीं उलझते। भूत तंग करे तो गाली दो और अपने रास्ते चल दो।"

मेरे कान बजने लगे।

अब तो मुझे हर जगह भूत दिखने लगे। दो बार तो अपनी साँस की आवाज़ से ही चौंक गया। पीपलडाड़ा पहुँचने ही वाले थे कि मैंने सच का भूत देख लिया, चिलौने के पेड़ के ठूँठ जैसा काला।

अब गाली दिये बिना काम कैसे चलता?

पूरी ताक़त लगाकर चिल्ला दिया, "भोसड़ी का...भूत...आ जा सामने...देखूँ तुझे आज।"

मैं चिल्लाया तो रिपदेन भी चौंक उठा। ऐसी–ऐसी गालियाँ देने लगा जो मैंने कभी नहीं सुनी थीं। मैं वही गालियाँ दोहराता हुआ दौड़ रहा था कि अचानक गाल पर एक करारा थप्पड़ पड़ा। मैं गिरा सीधे ज़मीन पर।

मुझे विश्वास था कि अब नहीं बचूँगा। मैं हाथ जोड़कर रोने लगा कि दूसरे गाल पर एक और थप्पड़ पड़ा। तब जाकर होश लौटे। पहचानी हुई आवाज़ सुनाई पड़ी, "गधा साला! इसे तो रिपदेन ने पूरा ही बिगाड़ दिया है। अब तो घर से भागना भी सीख गया है। रात के समय गाली देते हुए घूम रहा है। अब एक दिन और रिपदेन के साथ देख लिया तो पैर तोड़ दूँगी तेरे। कल तेरी बुआ के यहाँ भेज रही हूँ, समझा? अब वही तुझे सुधारेंगीं।"

हे भगवान, आमा के सामने ही मैंने गालियों की बौछार कर दी थी। पलटकर पीपल की ओर देखा। छी! वह भूत तो पेड़ का ठूँठ था। जहाँ का तहाँ खड़ा हुआ था।

मैं डर और शर्म से पानी–पानी हो गया। मुँह से 'जी' के अलावा कोई और शब्द निकल ही नहीं रहा था। इसके बाद कितनी बार पाँचों उँगलियों की छाप गाल पर सज गयी, इसका हिसाब देना मुश्किल है।

मुझे बस इतना याद है कि इसके दो दिनों बाद गुरुमा का दिया हुआ रिपोर्ट कार्ड लेकर मुझे शहर भेज दिया गया। उस रिपोर्ट कार्ड में जादू से मुझे गणित में 70 अंक भी मिल गये थे।

मैं चुपचाप आगे आगे चला, पीछे दादाजी थे।

पीपलडाड़ा के पास पहुँच रहे थे कि मेरे पैर लड़खड़ाने लगे। पलटकर नीचे सरसों के खेत की ओर देखा। रिपदेन एक बकरों की टोली लेकर किम्बूग़ैरी की तरफ़ जा रहा था। मुझे उसे देखकर बहुत बुरा लगा। ख़ुद को रोक न सका, फुक्का फाड़कर रोने लगा।

उसके बाद मैं उससे कभी नहीं मिल पाया। न फिर कभी उसके साथ हँस पाया और न कभी उसे देखकर रो पाया।

***

शहर में हर किसी को जल्दी रहती है। आदमी का समय भी जल्दी जल्दी दौड़ता रहता है।

मेरे 15 साल भी दौड़ते हुए बीते।

रिपदेन और मेरे बिछड़ने के ठीक 15 साल बाद जिस गाँव की धरती पर मैंने जीवन के पहले क़दम रखे थे, जीवन की पहली साँस ली थी, पहली बार रोया था, पहली बार हँसा था, आज मैं उसी धरती पर बिना जल्दी, फुर्सत में खड़ा हुआ था। आज मैं चौथी बार गाँव आया था, रिपदेन की कथा और अपने जीवन की पहली स्मृति की कहानी लिखने।

नया–नया कोमल सूरज और इन्सान का बचपन एक ही प्रवृत्ति के होते हैं। दोनों ही हल्की रौशनी समेटे हुए संसार में आते हैं।

मैंने वही रौशन दिन याद किये।

पीपलडाड़ा अब भूकम्प से जगह–जगह फट चुका है। सरसों का खेत तो भूस्खलन में बह चुका है।

एक आख़िरी बार रिपदेन के घर की ओर देखा। पूरा ही बह चुका है। जिस बाँस की झाड़ियों में रिपदेन ने पहली बार 'आर प्लस पी' लिखा था, वह अब उजाड़ हो चुकी है। मेरी आँखों के सामने रिपदेन के जीवन का पहला प्रेम, वह मोटी लड़की दिखने लगी, जिसे हम सब 'पोक्ची' कहकर चिढ़ाते थे। गाँव वालों ने बताया–

"पोक्ची की शादी वहाँ पल्ले पुबुंग गाँव में हुई है। पाँच बेटियों की माँ बन गयी है। बेटे के चक्कर में अब छठी दफ़ा फिर पेट से है।"

उफ़्फ़! यह दुनिया कितनी भयानक है? किसी के भी हिस्से में सुख नहीं है।

मैं भूस्खलन की तस्वीर खींचने में उलझा था कि पीछे से किसी ने कन्धे पर एक हाथ मारा और कहा, "अब आया है? तू तो बहुत बड़ा आदमी बन गया है, क्यूँ, तेरा मन तो कैसा पत्थर से भी कठोर है! हमें तो पूरा ही भुला दिया है न?"

बड़ा आदमी?

इन्सान जिस दिन से स्वयं को बड़ा आदमी समझने लगता है, उसी दिन से वह डाइनोसॉर बनने लगता है। ख़ुद ही धीरे–धीरे ख़त्म होने की राह पर चलने लगता है। मैंने यही मन में सोचा और धीरे–से सिर घुमाया। सामने खड़े थे रिपदेन के अकु।

"पत्थर से ही तो मैंने सबसे पहले 'क' अक्षर लिखना सीखा था", मेरी आँखें चिरमिराने लगीं, "इन्हीं पत्थर के अक्षरों से तो मैंने जीवन को समझना सीखा। मैं इतने क़ीमती पत्थरों जैसा कैसे बन सकता हूँ, अकुसा?"

अकु की आँखों में निराशा के बादल उमड़ने लगे। चेहरे के भाव धँसते–बहते दिखने लगे।

मेरा दिल भारी हो गया। मैं उनके पास गया, "गुम हुए लोग कभी मरते नहीं। हर शाम किसी न किसी की यादों में आकर रहने लगते हैं। रिपदेन भी अब कभी नहीं मरेगा, अकु।"

अकु ने यह बात नहीं मानी। एक प्याला चाय पी और बोले, "अख़बार में लिख देगा न कि रिपदेन मर गया?"

"इसी के लिए तो आया हूँ।" मैंने अकु की फ़ोटो खींचते हुए कहा, "वह मेरा जिगरी यार था। मैं जो कहता था, वह करता था। उसके लिए इतना भी नहीं करूँगा क्या?"

अकु एकटक मेरे चेहरे को देखते रहे। मुझे असहज लगने लगा।

मैं कैमरा बैग में डालने लगा। थोड़ी दूर एक दुबला लड़का आँखें पोंछते खड़ा था। पिण्डलियों पर कीचड़ के छींटे थे। बनियान फटी हुई थी, पैरों में चप्पल नहीं थी। बाल बिखरे हुए थे। वह सीधे मेरे पास आया और धीरे-से पूछा, "अबे, क्या पंचेत एलेक्सन नहीं होंगे?"

अरे, यह तो नेता बनने वाला जुनिराम था!

"होंगे क्यूँ नहीं? जब होंगे, तू खड़ा होगा न?" उसे थोड़ा छेड़ते हुए पूछा, "और कहाँ है हरिप्रसाद?"

"वह तो गया दिल्ली", उसने लम्बी साँस खींची, "किसी होटल में बर्तन धो रहा होगा। तू क़िस्मतवाला है। हमें भूल मत जाना फिर से।"

याद तो नाले के पानी जैसी होती है, बहते-बहते नदी में मिल जाती है। फिर भाप बनकर बादलों से मिल जाती है। हवा के साथ तैरती हुई आती है और फिर उसी नाले में बरस पड़ती है। थोड़ा समय इन्तज़ार करना पड़ता है, बस।

"समय इन्सान को जगह-जगह पहुँचा देता है", मैंने हिचकिचाते हुए कहा, "कुछ यादें कभी नहीं भूली जा सकतीं। हमारी यादें भी ऐसी ही हैं, जुनिराम।"

वह तुरन्त दाँत फाड़कर हँस दिया।

मैंने स्टोरी की डिटेल्स लेनी थीं, ले लीं। तस्वीरें खींचनी थीं, खींच लीं। मेरा काम पूरा हुआ।

अब रह गयी थीं तो बस वह यादें। उन्हें आँखों के कटोरों में सजाया और लौट आया।

तीन घण्टे चलने के बाद पेमलिङ्ग पहुँचा। वहाँ से सवारी गाड़ी में चढ़ा और कालेबुङ्ग को चल पड़ा। पहुँचकर समाचार फ़ाइल जो करना था।

और?

रेली के पास पहुँचा तो सिर बाहर निकालकर ऊपर देखने का मन हुआ।

रिपदेन की मतिम का घर वहीं कहीं तो था न। मन फिर भारी होने लगा पुरानी यादों के बोझ से। निर्दोष रिपदेन मेरी आँखों के सामने हँसने लगा।

अरे, यहाँ तो नयी सड़क बन गयी है। जंगल में अब घने घर दिख रहे हैं। जगह तो अलग ही दिख रही है।

"नासिम चाचा अब भी होंगे क्या?"

मैंने कितने साल पहले के बुज़ुर्ग काका को याद किया। उनकी कहानी को याद किया। आँखों में वही पुराना सवाल नाचने लगा, "आख़िर रिपदेन के लँगड़े आपा लौटे कि नहीं?"

मेरी तबीयत भारी होने लगी। दिमाग़ में भूचाल आ गया और आँखों में बेमौसम बरसात की झड़ी लग गयी। मन के भाव खिसकने, ढहने लगे।

मुझे नहीं पता था कि नासिम काका आज भी गिट्टियाँ तोड़ रहे होंगे या नहीं? मुझे नहीं पता था कि वह ज़िन्दा हैं या नहीं? मुझे यह भी नहीं पता था कि रिपदेन के लँगड़े आपा अब कभी लौटेंगे या नहीं? मुझे तो यह भी नहीं पता था कि वह हर शाम किसी की यादों में आते हैं कि नहीं?

मुझे सिर्फ़ इतना पता था कि रिपदेन वाक़ई में अब इस दुनिया में नहीं है। वह मर चुका है। वह कभी लौटकर नहीं आयेगा। किसी की याद में हर शाम नहीं चला आयेगा।

इस धरती पर उसकी छोड़ी हुई आख़िरी याद यही 'फात्सुङ्ग' है।

□□